욱하는 성질 잡는 뇌과학

욱하는 성질 잡는

최신 뇌과학이 밝혀낸 '감정 컨트롤 기술'

뇌과학

고선윤 옮김

가토 도시노리 지음

평단

화를 내지 않고 살 수 있으면 얼마나 좋을까

당신도 이렇게 생각한 적이 있을 것입니다. 화를 내지 않으면 다른 사람과 싸울 일도 없습니다. 공격적인 행동으로 다른 사람의 주목을 받을 일도 없습니다. 분노를 드러내지 않고 살 수 있으면 삶은 상당히 가뿐하고 경쾌할 것입니다.

그래도 나는 할 수 없다고 당신은 생각합니다. 다른 사람과 함께 지내다 보면 뜻대로 되지 않는 일이 많기 때문입니다. 어느 정도 불편함을 느끼는 것은 세상을 혼자 살지 않는 이상 어쩔 수 없는 일입니다.

그렇다면 화를 내지 않고 살기는 불가능할까요? 물론 그렇지 않습니다. 요령을 약간만 알면 누구나 쉽게 분노를 조절해서 모든 일을 순조롭게 추진할 수 있습니다.

저는 뇌과학 전문가입니다. 지금까지 1만 명 이상의 삶을 마주하면서 자기공명영상법MRI으로 뇌를 살펴왔습니다. 많은 사람이 살아가는 방식과 뇌를 눈으로 보고 알게 된 것 가운데 하나가 뇌는 매사에 잘 대처하지 못하면 불안해하고 화를 낸다는 것입니다.

이것을 알면 분노를 폭발시키지 않는 방법이나 처음부터 화를 내지 않는 방법이 보입니다. 또 뇌는 다른 사람의 분노를 흉내 내는 특징이 있습니다. 자신은 원래 화가 나지 않았음에도 옆에 있는 사람이 화를 내면 이를 따라 하게 됩니다. 이런 사실을 알고 있으면 다른 사람의 분노에 감염되는 데서 자신을 보호할 수 있습니다.

이 책에서 소개하는 내용에는 뇌과학과 관련된 것도 있고 제 경험에서 얻은 것도 있습니다. 둘 다 분노에서 벗어나는 데 도움이 되는 생각과 기술입니다. 알고 있으면 간단한 일이지만 모르면 인생에서 큰 손해를 볼 수도 있는 것들입니다.

당신과 함께 살아온 사람들을 소중히 지키기 위해, 시간과 노력을 들여 쌓아올린 것들을 지키기 위해 이 책이 도움이 된다면 기쁜 일입니다.

가토 도시노리

4장 거슬리는 사람에게 다가가는 방법

5장 화내지 않는 사람의 비밀

6장　뇌의 가지를 뻗어 분노 회로를 초기화한다

프롤로그

왜 화내면
안 될까

화낸다고 해서
뭐 하나 달라질 게 없다

　세상에는 화를 내는데도 이상하게 사랑받는 사람이 있습니다. 큰 소리로 호통치거나 험한 말을 퍼붓는데도 신뢰받는 사람입니다. 이들의 공통점은 분노의 바탕에 상대가 행복하기를 바라는 마음이 있다는 것, 화내는 기술을 가지고 있다는 것입니다.

　제가 알고 있는 이들 가운데 화내는 기술을 알고 있는 사람은 수많은 올림픽 메달리스트를 키운 이무라 마사요井村雅代 싱크로나이즈드 스위밍 코치입니다. 저는 가끔 '이무라 싱크로클럽'에서 '물속에서 뇌를 효율적으로 사용하는 방법'을 강의합니다. 그래서 이무라 코치와 이야기 나눌 기회가 있습니다.

제가 존경하는 그녀의 화에는 제자에게 메달을 걸어주려는 과학적 이론이 갖추어져 있습니다. 격한 말을 던지는 '그녀' 안에는 항상 냉정한 '또 한 명의 그녀'가 있습니다. 즉 그녀가 제자들에게 표출하는 화는 효과적으로 지도하려는 자세이자 코칭 기술의 일부입니다.

그러나 우리가 화를 낼 때 냉정한 또 한 명의 내가 있어서 이성적으로…는 좀처럼 되지 않습니다. 별것도 아닌 일에 발끈해서 해서는 안 되는 말까지 해버립니다. 그래서 가까운 사람에게 상처를 주거나 비즈니스를 혼란에 빠뜨립니다.

이런 식으로 분노를 조절하지 못해서 중요한 일을 망친 경험이 누구에게나 있습니다. 자신은 좀처럼 화를 내지 않는데, 화를 잘 내는 사람이 가까이에 있어서 힘들어하는 사람도 있습니다.

반대 의견을 내면 바로 화를 내거나 상황이 불리해지면 무뚝뚝한 표정으로 입을 꾹 다물어버리는 사람이 의외로 많습니다.

"어른이 화를 내고 입을 다물다니 이런 유치한 태도는 정말 보기 안 좋다."

생각은 이렇게 하지만 감정적인 상대와 함께 있으면 나까지 짜증이 나기 시작합니다. '화'는 전염성이 있어서 신경이 곤두선 사람과 함께 있으면 나까지 신경을 곤두세우게 됩니다.

상대방에게 이끌려 한번 화를 내면, 잘못하면 모든 것이 망가집니다. 화의 바탕에 애정이나 부러움의 뒷면이라고 할 질투가 있다 해도 화를 당한 사람은 불합리한 처사를 견디지 못하고 떠날 수 있습니다.

화낸 사람의 마음은 오해를 받고 기대와는 다르게 전개됩니다. 정신을 차리고 보면 나만 혼자 남겨져 있고, 가정이나 직장 또는 동아리에서 쫓겨나는 일도 있습니다. 이렇게 감정에 사로잡히면 무엇 하나 좋은 일이 없습니다. 이것이 화라는 것입니다.

사실 현실 세계에서는 짜증이나 미움을 전혀 느끼지 않고 살 수 없습니다. 인간은 집단생활을 하는 생물이므로 사람들과 함께 생활하는 이상 자기 생각대로 되지 않는 일들이 날마다 쌓입니다.

그래도 다른 사람의 말과 행동에 화를 내지 않고 지내는 일이 가능합니다. 분노를 조절해서 본의 아닌 행동을 피하는 것도 가능합니다. 이런 기술이 이 책에서 소개하는 화내지 않는 요령입니다.

이 장에서는 화를 내지 않는 요령을 배우기 전에 사람들은 왜 화를 내는지, 화를 내는 것이 어떤 손해를 불러오는지를 알았으면 합니다.

분노는 감당할 수 없다는
뇌의 비명

이 책에서는 화를 다스리는 방법을 알려주려고 합니다. 화를 다스리려면 먼저 화를 '내 문제'로 받아들여야 합니다. 화가 나는 원인이 다른 사람에게 있다고 해도 다른 사람을 바꾸기는 기본적으로 불가능하기 때문입니다. 문제는 내가 느끼는 분노를 어떻게 받아들여야 하는가입니다.

그러면 사람들은 왜 화를 낼까요? 생물학이나 심리학에 바탕을 둔 다양한 설명이 있지만, 제가 전공하는 뇌과학에서는 다음과 같이 말합니다. 분노는 '나는 감당할 수 없다'는 뇌의 비명이라고.

"화를 내는 것은 내 능력이 부족하다는 뜻인가? 무슨 소리! 화를 내는 것은 상대가 잘못했기 때문이다. 상대가 쓸데없는 말을 했기 때문이다!"

어쩌면 당신은 지금 이렇게 생각하는지도 모르겠습니다. 그러나 마음을 가라앉히고 생각을 좀 해보면 좋겠습니다. 당신이 화를 내는 것은 결국 상대가 하는 말을 이해하지 못하거나 받아들일 수 없기 때문이 아닌가요?

이를테면 당신은 화가 나서 다음과 같은 말을 한 적이 전혀 없습니까?

"상사는 항상 무리인 얘기를 해."

"열심히 일하는데 회사에서는 조금도 평가해 주지 않아."

"바빠 죽겠는데 가족이 하찮은 일로 나를 귀찮게 해."

"유행이 뭔지 모르겠다. 저런 게 뭐가 재미있을까?"

주변에서 자주 듣는 말입니다. 저도 가끔 이런 말을 내뱉습니다.

이런 말의 주어는 '상대'나 '세상'과 같은 '타자'입니다. 여기서 주어를 '나'로 바꾸면 다음과 같이 됩니다.

"나는 상사의 터무니없는 요구를 감당할 수 없다."
"나는 회사의 기대에 따르지 못한다."
"나는 가족의 요구를 들어줄 수 없다."
"나는 세상의 유행을 이해하지 못한다."

모두 나는 할 수 없다고 느낍니다. 그래서 짜증 나고 화가 나는 것입니다. 주어를 왜 나로 바꾸어야 할까요? 분노를 느끼는 사람은 다른 누구도 아닌 나 자신이기 때문입니다.

분노의 원인을 제공한 이는 다른 사람이라 해도 분노를 조절할 수 있는 자기 문제로 받아들이면 뇌는 스스로 감당할 수 없다는 사실에 불만이나 불안을 느낍니다. 그래서 화를 냅니다.

분노는 원래 잘하지 못하는 것을 알려줘
자기 자신을 지키는 것

이것을 '뇌'의 관점에서 좀 더 자세히 살펴보겠습니다. 조금 전문적인 이야기이지만, 분노를 조절하는 데 도움이 되는 내용이므로 반드시 읽어보기 바랍니다. 어려운 내용이 아닙니다.

제가 주장하는 개념 중 '뇌번지'腦番地(뇌에 번호를 붙여서 나눈 위치(주소). 저자의 독창적 개념으로 '뇌영역' 개념과는 다름-옮긴이)라는 것이 있습니다.

뇌에는 같은 기능을 하는 복수의 신경세포가 모여 '기지'를 형성하고 있는데, 뇌번지는 여기에 번지를 부여한 것으로 모두 8개 있습니다.

❶ 사고계 뇌번지 …… 정보를 바탕으로 결정하거나 실행하는 영역

❷ 전달계 뇌번지 …… 말을 하거나 언어를 조작하는 영역

❸ 이해계 뇌번지 …… 정보를 이해하는 영역

❹ 운동계 뇌번지 …… 몸동작 전반에 관계되는 영역

❺ 청각계 뇌번지 …… 귀로 들은 것을 뇌에 모으는 영역

❻ 시각계 뇌번지 …… 눈으로 본 것을 뇌에 모으는 영역

❼ 기억계 뇌번지 …… 정보를 기억하거나 떠올릴 때 사용하는 영역

❽ 감정계 뇌번지 …… 희로애락 등의 감정을 표현하는 데 관여하는 영역

우리가 화를 내는 것은 대체로 ❶~❼까지의 각 번지에서 감당할 수 없다!고 느꼈을 때입니다.

❶ 사고계 뇌번지 …… 생각할 수 없다

❷ 전달계 뇌번지 …… 전할 수 없다

❸ 이해계 뇌번지 …… 이해할 수 없다

❹ 운동계 뇌번지 …… 움직일 수 없다

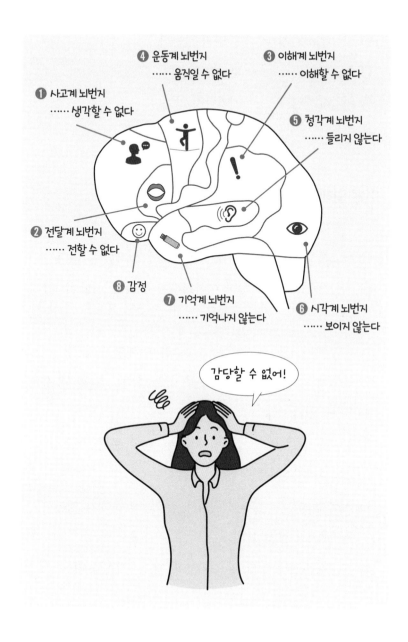

⑤ 청각계 뇌번지 …… 들리지 않는다

⑥ 시각계 뇌번지 …… 보이지 않는다

⑦ 기억계 뇌번지 …… 기억나지 않는다

⑧ 감정

어떤 일에 직면했을 때

❶ 사고계 뇌번지 …… 사태가 어려워서 '생각할 수 없다.'

❷ 전달계 뇌번지 …… 잘 이야기하지 못하고 '전할 수 없다.'

❸ 이해계 뇌번지 …… 눈앞의 것들을 '이해할 수 없다.'

❹ 운동계 뇌번지 …… 병이나 부상, 노화 등으로 잘 '움직일 수 없다.'

❺ 청각계 뇌번지 …… 청력과 언어능력에 문제가 있어서 잘 '들리지 않는다.'

❻ 시각계 뇌번지 …… 시력이나 집중력에 문제가 있어서 잘 '보이지 않는다.'

❼ 기억계 뇌번지 …… 필요한 것이 '기억나지 않는다.'

이런 상황이 되면 각 뇌번지는 스트레스를 받습니다.

각 뇌번지에서 느끼는 감당할 없다!는 스트레스 신호가 ❽의 감정계 뇌번지로 전해지면 '분노'로 바뀝니다.

감정계 뇌번지에서 느낀 분노는 분노를 표출하는 부위인 ❶ 사고계 뇌번지, ❷ 전달계 뇌번지, ❹ 운동계 뇌번지 중 하나를 거쳐 분출됩니다.

❶ 사고계 뇌번지 → 꾸짖거나 계략을 짜서 복수하는 등

❷ 전달계 뇌번지 → 일방적으로 퍼붓기, 빈정거림, 무시하기 등

❸ 운동계 뇌번지 → 표정이 험해지고, 때리고, 물건을 던지는 등

이런 식입니다. 이것이 뇌번지 관점에서 주장할 수 있는 분노가 분출되는 구조입니다.

분노를 느끼는 것 자체는 원래 나쁜 것이 아닙니다. 여기에는 지금의 자신이 감당할 수 없는 것, 즉 잘하지 못하고 싫은 것이 들어 있습니다. 그러므로 무시하고 돌진하면 문제의 근원이 될 수도 있습니다.

따라서 분노를 느끼는 것 자체는 필요한 것이고 자신을 지키는 일이기도 합니다.

그런데도 왜 화를 내면 안 된다고 할까요?

화내는 뇌는
실수를 한다

지금부터는 분노가 가져오는 '손해'를 알아보겠습니다. 가장 큰 실질적 손해는 화를 내면 뇌의 능률이 떨어진다는 것입니다.

화가 난 상태에서 일을 진행하고 나서 "아이고, 망했네!"라며 후회한 적이 없습니까? 예를 들어 짜증을 내면서 정리한 보고서에 실수가 많다거나 동료에게서 날카롭게 비난하는 내용이 담긴 메일을 받고 더 날카롭게 비난하는 글을 보냈다거나 하는 것입니다. 또는 참지 못해서 절교하거나 엉뚱한 마음에 쓸데없이 충동 구매를 하는 것 등도 마찬가지입니다.

이런 실수는 분노라는 스트레스로 뇌압이 올라 뇌의 능률이 떨어졌기 때문에 발생한 일입니다. 이야기는 좀 다르지만, 시험장이나 발표회장에서 너무나 긴장한 나머지 머리가 하얘진 경험이 없습니까?

할 수 없다(그럴지도 모른다)고 불안을 느끼면, 뇌는 해결법을 찾아서 최선을 다해 움직입니다. 그래서 불안을 그대로 두면 때에 따라서는 생명이 위험해질 수도 있습니다. 이것은 인간의 본능에 따른 아주 자연스러운 반응입니다.

뇌는 해결법을 찾는 에너지원으로 산소를 대량 소비합니다. 따라서 산소를 함유한 체내의 혈액을 일시에 머리로 모읍니다. 이것이 바로 피가 머리에 쏠린다는 현상입니다. 그런데 이렇게 머리에 피가 쏠리고 뇌에 산소가 대량 공급되었다고 해서 문제가 바로 해결되는 것이 아닙니다.

혈액의 양이 늘면 필요 이상으로 에너지 소비가 일어나 뇌를 사용해서 생각하기 전에 뇌의 퍼포먼스가 떨어집니다. 이때 과열될 것 같은 뇌를 보호하려고 두피의 혈류도 늘어나는데, 여기서도 필요 이상의 에너지 소비가 발생합니다.

즉 머리에 피가 쏠리면 뇌의 신경세포가 효율적으로 활성화되지 않음으로써 쓸 수 있는 에너지가 줄어들어 뇌가 정상적인 판단을 할 수 없게 됩니다.

욱하는 성질 잡는 뇌과학

우리 경험을 돌이켜보면 알 수 있습니다. 이런 상황에서는 평소라면 쉽게 생각할 수 있는 해결법이 좀처럼 떠오르지 않고, 몸이 굳어서 움직이지 못하기도 합니다. 이것은 뇌에 피가 너무 많이 모여서 뇌의 능률이 떨어졌기 때문입니다.

사실 우리가 화를 낼 때도 같은 현상이 일어납니다. 앞에서도 언급한 바와 같이, 분노는 각각의 뇌번지에서 느끼는 감당할 수 없다!는 스트레스 신호입니다.

누군가의 바람에 따를 수 없을 것 같거나 상대방 말을 잘 알아듣지 못할 때, 할 수 없다고 느낀 뇌는 대처법을 찾으려 머리로 혈액을 올리고 산소 공급량을 늘립니다. 화가 났을 때 머리가 터질 것 같다고 하는데, 여기서 비롯한 말 같습니다.

이렇게 되면 뇌의 기능이 떨어집니다. 그 결과 평소에는 쉽게 할 수 있는 일을 할 수 없게 되고, 냉정할 때라면 바로 알아차리는 것도 눈치채지 못하게 됩니다.

분노를 느끼고 뇌 전체에 피가 쏠리면 30분에서 1시간 정도는 원래 상태로 돌아가지 않습니다. 이런 사실을 모르는 사람이 의외로 많아서 기다리지 못하고 이사이에 서둘러 결단하거나 적절하지 못한 말을 퍼부어 사태를 악화하는 일이 있습니다.

화난 사람은
다른 사람을 거부한다

화가 나면 또 하나 곤란한 일이 생깁니다. 잘하지 못하는 나를 지키려고 자신을 자극하는 것을 거부합니다. 당신에게 불합리한 요구를 하거나 영문을 모르는 말을 해서, '감당할 수 없다!'고 느끼게 하는 것은 대부분 다른 사람입니다. 여기서 분노를 참을 수 없게 되면 많은 사람이 다른 사람을 거부하는 행동을 합니다.

흔한 것으로 상대 앞에서 침묵하기, 무시하기, 공격적인 투로 욕하기, 고함치기, 물건 던지기 등이 있습니다. 평소에는 소중하게 여기는 사람이라도 이때는 피하거나 공격하거나 제외하려고까지 합니다.

나 자신도 화가 나면 더는 참을 수 없다, 상대와 관계를 끊더라도 이 자리에서 벗어나고 싶다는 생각을 하고 충동적으로 언성을 높이는 일이 있습니다. 그런데 화를 당하는 쪽에서 보면, 내게 소홀히 취급되는 것입니다. 반복해서 소홀히 취급된 사람은 결국 나를 꺼리게 됩니다. 또 위축되어 뭔가 문제가 있어도 보고하지 않게 되기도 합니다.

이것이 직장이라면 분위기가 나빠져 실수를 더 많이 유발할 수 있습니다. 가정이라면 가족이 일으키는 문제가 정말로 큰일이 될 때까지 나만 아무것도 모를 수 있습니다. 그리고 인간관계를 파괴하는데, 이것은 분노가 가져오는 가장 큰 부정적 유산이라고 해도 지나친 말이 아닙니다.

때로는 자기 자신에게 너무 많이 기대해서 그 기대가 자극이 될 수도 있습니다. 이때 기대에 부응하지 못하는 자기 자신을 거부하는 일도 있습니다. 이른바 자기혐오에 빠지는 것입니다. 자신을 싫어하면서 살아가는 것도 아주 큰 부정적 유산입니다.

화내는 사람의 뇌는
성장하지 않는다

또 하나 더 화를 내면 안 되는 이유가 있습니다. 화를 잘 내는 사람의 뇌는 성장하지 않습니다. 뇌과학에서는 뇌가 성장할 때의 상태를 '가지가 뻗는다'라고 표현합니다. 가지는 뇌의 신경세포끼리 연결하는 네트워크입니다.

우리가 '알았다!' '됐다!'라고 느끼는 것은 가지가 뻗어서 다른 기억이 들어 있는 신경세포와 연결되는 순간입니다. 쉽게 말해, 이미 알고 있는 것끼리 연결되는 것이 '알았다!' '됐다!'라는 것입니다. 이 순간에 생기는 가지가 늘어날수록 뇌는 성장합니다.

가지가 뻗을 때 이른바 '알았다!' '됐다!'고 할 때는 기본적으로 뇌에 불필요한 스트레스가 없는 상태, 즉 뇌가 산소를 효율적으로 소비할 수 있을 때입니다. 이때는 뇌 내부의 산소 효율이 높아서 뇌의 신경세포끼리 가지가 잘 뻗어 세포에 들어 있는 기억이 서로 연결됩니다.

화를 잘 내는 사람의 뇌 속에서는 반대 현상이 일어납니다. 앞에서도 언급한 바와 같이 '감당할 수 없다!'는 스트레스로 분노를 느끼면 뇌압이 높아집니다. 이때 가지는 좀처럼 자라지 않아서 '알았다!' '됐다!'는 상태에 도달하기 어렵습니다. 그 결과 뇌는 성장하지 못합니다.

뇌는 단련하면 평생 성장을 계속한다는 것을 알고 있습니다. 화를 잘 내는 사람이 어딘가 유치해 보이는 것은 분노로 뇌의 성장이 방해받고 있기 때문인지도 모릅니다. 늘 화가 나 있는 사람의 뇌는 더 자라지 않습니다. 이런 사람의 뇌에서는 발견이나 제안을 할 수 있는 창조성이 성장하지 못합니다.

완전한 우연으로 예상치 못한 훌륭한 발견이나 발명을 하는 것 혹은 무언가를 찾을 때 찾고 있는 것과 다른 가치 있는 것을 발견하는 것을 '세렌디피티'라고 합니다.

저는 지금까지 뇌과학의 세계에서 몇 가지 세계적인 발견을 했습니다. 연구하다가 우연히 무엇인가에 이끌리듯 획기적인 발견을 했는데, 이때는 항상 호수처럼 고요하고 평온한 마음이었을 때였습니다.

분노나 작은 짜증에 사로잡히지 않아야 뇌가 가지를 뻗어 깨달음이나 배움을 얻을 수 있습니다. 저는 이 경험으로 이를 실감했습니다. 업무에서 성과를 거두기 위해서라도, 하나의 인간으로 성장하기 위해서라도 화내지 않는 것은 매우 중요합니다.

분노에는 인생을 좋은 방향으로 바꾸는 큰 기회가 숨어 있다

사람이 화를 내는 포인트에는 신기하게도 배울 기회가 숨어 있습니다. 다시 말씀드리지만 뭔가 신경이 쓰인다는 것은 그 일을 잘 처리할 수 없기 때문입니다.

저 사람의 기대에 부응할 수 없다.

상대의 행동을 멈출 수 없다.

현 상황을 이해할 수 없다.

그렇다고 무시할 수도 없다.

내 뜻대로 되지 않는 상태, 감당할 수 없다는 스트레스가 짜증을 불러옵니다. 할 수 없는 일이 내게 심각하면 심각할수록 분노는 커집니다. 이른바 분노를 심하게 느낀다는 것은 당신에게 절실한 문제라는 것입니다.

이런 사실을 깨닫는 순간이 '대처법'을 배울 기회입니다. 진짜 화가 났을 때 이 분노를 명확한 목적의식을 둔 방향으로 끌고 갈 수 있다면, 그만큼 얻을 수 있는 것이 커집니다. 인생을 좋은 방향으로 바꿀 큰 기회가 됩니다.

하지만 대부분 사람은 분노에 눈이 멀어 배워야 할 것으로 눈을 돌리지 못하고 끝내버립니다. 이런 기회를 눈치채지 못하고 언제까지나 같은 일로 화내는 사람은 현상을 바꾸지 못한 채 계속 살아갑니다. 즉 성장을 포기하는 것입니다.

물론 화를 내야 할 때도 있습니다. 당신이 책임자 자리에 있는데, 화를 내지 않으면 일이 제대로 진행되지 않을 때나 당신이 명백히 부당한 취급을 받는 경우 등입니다.

이런 경우일수록 분노로 정신을 차리지 못하는 것이 아니라 목적을 갖고 분노를 유익한 방향으로 바꾸어야 합니다. 그래야만 나를 둘러싼 온당하지 않은 분위기를 깨고 부당한 상황에서 벗어날 수 있습니다.

왜 화를 내면 안 될까?

스스로 성장하고, 모든 일을 건전하게 진행시키려면 화를 내지 않는 것이 반드시 필요하기 때문입니다.

1장

화내지 않는 사람은
'듣는 귀'를 가지고 있다

자신이 옳다고 생각하면
화내고 있다는 사실을 모른다

　이제부터는 실제로 분노를 조절하는 기술을 살펴봅니다. 분노를 조절하는 첫 단계는 화를 내기 전에 자신의 분노를 깨닫는 것입니다.

　'뭐야, 그렇게 간단한 거야'라고 생각할지도 모르겠지만 사람에 따라서는 이것이 생각보다 어렵습니다. 화내는 사람은 대개 자신이 옳다고 생각하기 때문입니다. 자신이 느끼는 불만은 분노와 다른 것이라고 생각하고 분노를 분노로 인식하지 못합니다.

　　"나는 이렇게 노력하고 있는데, 저 녀석은 어떻게 저리 편하게 지낼 수 있을까."

"노인이 계산대 앞에서 꾸물꾸물 동전을 세고 있네. 미리 준비하면 빠를 텐데."

"기차가 연착하다니 철도청은 뭐 하는 거야!"

이런 식으로 나쁜 것은 모두 상대방 탓이고 나는 정당하다고 생각할 때, 자신이 느끼는 불만은 불의에 대한 분노, 즉 '의분'이 됩니다. 의분은 정의감이나 책임감에 근거하므로 이때 자신이 느끼는 것은 분노와는 다른 좋은 것이라고 생각합니다. 그래서 상대방에게는 상대방 사정이 있다는 사실을 놓칩니다.

뇌 기능에 문제가 있어서 자기 목소리를 듣지 못하고 스스로 화가 났다는 사실을 깨닫지 못하는 사람도 있습니다. 이런 사람은 분노를 스스로 느끼기 전에 심신의 균형을 무너뜨리는 경우가 적지 않습니다.

이와 같은 사태에 빠지지 않으려고 먼저 자각하기 어려운 분노를 설명하겠습니다. 또 자각이 없는 사이에 화를 잘 내는 관계나 사건도 설명하겠습니다. 내 안의 분노를 자각하는 것부터 배워봅시다.

성공한 경영자는
'듣는 귀'를 가지고 있다

　분노를 자각하기 위해 역설적이기는 하지만 먼저 화내지 않는 사람을 살펴보겠습니다. 프롤로그에서 설명한 바와 같이, 사람이 화를 내는 것은 '감당할 수 없다!'는 뇌의 스트레스 신호입니다. 사람은 만능이 아니기에 누구나 이런 스트레스를 많든 적든 어느 정도는 가지고 있습니다.

　그런데 다른 사람에게 좀처럼 화를 내지 않는 사람도 있습니다. 청각계 뇌번지가 발달한 사람들입니다. 사실 이것은 성공한 기업 경영자들의 공통된 특징입니다.

　저는 가끔 경영자들을 대상으로 뇌 사용법에 대한 강연회를 하는데, 이를 계기로 그들의 뇌 영상을 촬영하는 일이 있습니다. 그들 대부분 뇌 영상에서는 발달된 청각계 뇌번지를 명확하게 확인할 수 있습니다. 이른바 듣는 데 능숙하다는 것입니다.

듣기를 잘한다고 하면 뭔가 대단한 것이 들리는 것으로 생각할지 모르겠으나 그런 것은 아닙니다. 이것은 상대가 한 말을, 상대의 마음속 그대로 받아들이고 파악한다는 뜻입니다.

그런 단순한 일이라면 누구나 할 수 있는 것이 분명하다고 생각할지도 모릅니다. 그런데 이것이 그렇게 쉬운 일이 아닙니다. 왜냐하면 상대의 말이 의뢰인지, 명령인지, 질문인지, 보고인지, 대화를 즐기고 싶을 뿐인지, 혼잣말인지 등 듣는 사람의 뇌 성질이나 상태에 따라 판단하기 어려울 수도 있기 때문입니다.

예를 들어 "오후에는 비가 오나 봐요"라는 말을 들었다고 합시다. 말은 어떤 문맥에서 사용되느냐에 따라 의미가 달라지는데, 문맥을 잘 이해하지 못한 사람은 다양한 뜻으로 받아들입니다.

→ "그러니까 우산을 가져와"라는 명령

→ "그러니까 차로 데리러 와주지 않을래"라는 의뢰

→ "비가 온다던데 사실일까?"라는 질문

→ "비가 올 것 같으니 우산을 챙기는 게 좋겠다"라는 경고

→ "비가 오면 하기 싫었던 일을 하지 않아도 되니 다행이 다"라는 기쁨의 보고

→ "비가 온다니 성가시다"라는 혼잣말

이렇듯 다양한 해석이 가능합니다.

뇌의 청각계 뇌번지 발달이 나쁘면 나쁠수록 듣는 능력이 떨어져 다른 뜻으로 받아들입니다(말하는 사람의 발음이 정확하지 않아서 정확하게 듣지 못하는 경우도 있지만). 따라서 상대가 한 말을, 상대의 마음속 그대로 받아들이고 파악한다는 것이 그리 단순하지만은 않습니다. 실제로 어떻게 받아들이느냐에 따라 말하는 사람과 듣는 사람 사이에 오해가 생기고 이것이 분쟁의 원인이 되는 일도 많습니다.

앞선 예에서 말하는 사람은 "비가 온다고 들었는데, 정말일까?"라는 질문을 하고 싶어서 "오후에는 비가 오나 봐요"라고 했는데, 이 말을 들은 사람이 "그러니까 우산을 가져와"라는 명령으로 받아들였다면 '내가 얼마나 바쁜데 그런 말도 안 되는 말을 하다니 참 염치가 없군!'이라고 생각합니다. 다른 사람 말에서 속뜻을 제대로 파악하지 못하면 이런 쓸데없는 문제가 생길 수 있습니다.

청각계 뇌번지가 발달한 사람은 자기 생각을 더하지 않고 상대가 말하고자 하는 뜻을 정확하게 들을 수 있습니다. 따라서 양측의 인식 차이가 일어나지 않고 스트레스 없이 일을 잘 진행할 수 있습니다. 즉 '듣는 귀'를 가진 사람은 화를 낼 일이 없습니다.

220쪽에 청각계 뇌번지의 발달 정도를 확인하는 체크리스트가 있으니 관심 있는 분은 시도해 보시기 바랍니다.

욱하는 성질 잡는 뇌과학

좌뇌 우위인 사람은
'듣는 귀'를 갖지 못할 수도 있다

청각계 뇌번지가 발달해서 듣기를 잘하는 사람은 화를 내지 않는다는 것은 반대로 다른 사람의 말을 제대로 듣지 못하는 사람은 화를 잘 낸다고 할 수 있습니다. 문맥을 제대로 이해하지 못하면 자신에게 무엇을 기대하는지 알지 못하고, 때에 따라서는 다른 사람의 평범한 말이 지나친 요구로 들릴 수도 있기 때문입니다.

'듣는 귀'에는 좌뇌와 우뇌도 관계가 있습니다. 이를테면 당신 주변에 다음과 같이 화를 내는 사람은 없습니까?

• 말꼬리에 민감하게 반응해서 화를 낸다.

- 촌철살인의 화법으로 말이 많다.
- 자기주장만 한다.
- 다른 의견에 바로 반론하고 공격적으로 변한다.
- 패배를 인정하지 못하고 숨어버린다.
- 갑자기 회사에 출근하지 않는다.

이것은 좌뇌가 강하게 작용하는 사람이 분노를 드러내는 특징입니다. 그러나 분노는 항상 상대를 직접 욕하는 등 알기 쉬운 증상으로만 나타나지 않습니다.

사람의 뇌는 좌뇌와 우뇌로 나뉘어 있습니다. 그 사이에는 '뇌량腦梁'이라고 해서 신경세포를 연결하는 신경섬유의 다리가 있습니다. 좌뇌는 주로 언어계 정보를, 우뇌는 주로 이미지 등 비언어계 정보를 처리합니다.

좌뇌와 우뇌에는 각각 프롤로그에서 설명한 8개 뇌번지(사고계, 전달계, 이해계, 운동계, 청각계, 시각계, 기억계, 감정계)가 있습니다. 우리는 이 8개 뇌번지에서 감당할 수 없을 때 화를 내는데, 분노를 표출하는 방법이 좌뇌와 우뇌 중 어느 쪽이 더 강하게 작용하느냐에 따라 달라집니다.

좌뇌의 특징을 간단하게 정리하면 다음과 같습니다.

좌뇌의 특징		
(잘하는 것)		(서툰 것)
언어 이해	↔	이미지 등의 추상적 이해(분위기 파악 등)
자기 이해	↔	다른 사람 이해
자기중심적	↔	다른 사람과 커뮤니케이션

언어 이해에 능한 좌뇌가 기능을 잘하는 사람은 자기가 생각하는 것을 '언어화'해서 파악합니다. 다만 언어를 교묘하게 사용할 수 있어서 자기 생각이나 지식을 우선하는 경향이 있습니다. 반면에 이미지 등 추상적 개념을 파악하는 것이 서툽니다. 무슨 생각을 하는지 알 수 없는 사람을 잘 이해하지 못하고, 처음부터 다른 사람과 자신은 의견이 다를 수 있다는 것을 상상하지 못하는 사람도 있습니다.

따라서 좌뇌가 지나치게 작용하면 자신이 옳다고만 생각해 상대 이야기를 듣지 않습니다. 심해지면 자신만의 세계에서 문을 닫아버려 듣는 귀를 가질 수 없게 됩니다.

이런 사람이 각 뇌번지에서 '감당할 수 없다!'는 스트레스를 느끼면 어떻게든 자기주장을 관철해서 편해지려고 합니다.

자신이 옳다는 사실을 자기 논리로 소리 높여 주장하거나 단정적인 말을 합니다. 그런데 상대가 들어주지 않으면 도를 넘어

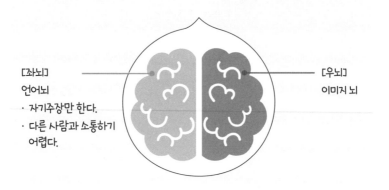

[좌뇌]
언어뇌
· 자기주장만 한다.
· 다른 사람과 소통하기
  어렵다.

[우뇌]
이미지 뇌

욱하는 성질 잡는 뇌과학

서 절교를 하거나 회사에 나타나지 않기도 합니다. 이것은 즉, 누구라도 자신이 옳다고 믿고 의심하지 않을 때일수록 스스로 의심해봐야 한다는 것입니다. 자신이 옳다고 생각하는 것은 단순히 좌뇌가 강하게 작용하기 때문인지도 모릅니다.

세상에는 나와 다르게 생각하는 사람이 있다는 사실을 받아들일 수 없는 사람이 있습니다. 그러면 다른 사람과 충돌하고 결국 집단 속에서 고립됩니다.

참고로 언어를 매우 잘 사용하는 현대인은 좌뇌가 지나치게 발달되는 경향이 있습니다. 나는 이렇게 생각하지만 다른 생각도 있을 수 있다는 마음을 가질 수 없어 화를 내는 사람들이 느는 데는 이런 시대 배경도 관계가 있는 것 같습니다.

우뇌 우위인 사람은
자기 목소리를 듣지 못한다

그럼 우뇌가 강하게 작용하는 사람은 어떨까요? 우뇌의 특징은 다음과 같습니다.

우뇌의 특징		
(잘하는 것)		(서툰 것)
이미지 등의 추상적 이해(분위기 파악)	↔	언어 이해
다른 사람 이해	↔	자기 이해, 자신만의 기준
다른 사람과 커뮤니케이션	↔	자기중심적

우뇌가 잘하는 것은 다른 사람의 표정을 읽거나 그 자리의 분

위기를 감지하는 등 추상적인 사항을 이해하는 일입니다. 의사소통에 능숙해서 다른 사람의 감정 흔들림에 민감하고 사람이 좋다는 말을 듣습니다.

세상의 기준을 다른 이에게 두는 경향이 있어서 사상이나 종교에 빠지는 사람도 적지 않고 자원봉사 활동에 열중하는 사람도 있습니다. 또 사물을 '언어화'해서 파악하는 것이 서툴고 자신이 무엇을 원하는지 구체적으로 인식하지 못하는 특징도 있습니다. 따라서 자신의 짜증이 어디서 오는지 인식하지 못하기도 합니다.

다른 사람을 먼저 배려하는 우뇌 우위인 사람은 다른 사람의 욕구에 맞게 행동합니다. 그런데 다른 사람의 욕구와 자기 욕구가 맞아떨어지는 일은 그리 많지 않습니다. 어느 순간부터 욕구 불만이 쌓이는데, 그럼에도 자기 분노를 인식하지 못해 아슬아슬한 경계까지 갑니다.

우뇌가 지나치게 작용하는 사람은 다음과 같이 분노를 표현하는 경우가 많습니다.

- 꾸짖거나 나무라면 입을 다물어 버린다.
- 만성적 두통을 호소하거나 컨디션이 망가진다.

[좌뇌]
언어뇌

[우뇌]
이미지 뇌
· 다른 사람과 소통을
  잘한다.
· 자기주장이 약하다.

욱하는 성질 잡는 뇌과학

- 갑자기 화를 낸다.
- 스트레스가 쌓여 잠을 자지 못한다.
- 막연한 불안감을 호소한다.
- 자신감이 없고 자책한다.

분노를 잘 인식하지 못하는 우뇌 우위인 사람은 분노를 자각하기 전에 몸 상태가 나빠지는 경우가 있습니다. 또 자기 분석이 서툴고, 분노를 다른 사람이 아니라 자기 자신에게 터뜨리며 자책합니다. 따라서 입을 다물고 내향적으로 변해서 우울증이 생길 수도 있습니다.

일반적으로 분노라고 하면 호통을 치거나 상대를 욕하는 이미지가 있습니다. 그러나 침울해져 자신을 책망하는 것도 분노의 일종입니다. 자기 분노를 아는 것은 자기 뇌의 경향을 아는 것이며 살아가면서 어떤 일에 잘 넘어질지 아는 것과도 연결됩니다. 스스로 좌뇌와 우뇌 중 어느 쪽이 더 발달했는지 알고 있다면 분노 조절에 도움이 됩니다.

친한 사람에게는
'듣는 귀'를 가지지 못한다

앞서 좌뇌와 우뇌의 균형이 무너지면서 터뜨리는 분노의 차이를 살펴보았습니다. 지금부터는 자각이 없는 사이에 듣는 귀를 잃어 분노하기 쉬워지는 관계를 설명하겠습니다. 우리는 필요 이상으로 화를 잘 내는 상대가 있다는 사실을 알아야 합니다. 이것이 분노 조절과 직결되기 때문입니다.

가장 화를 잘 내는 상대는 '친밀한 관계인 사람'입니다. 예를 들어 가족이나 사이좋은 친구, 장시간을 함께 보내는 회사 동료 등입니다. 다른 사람이 하는 일에는 그다지 신경 쓰이지 않는데, 친한 사람이 하는 사소한 일에는 눈이 가고 짜증이 난 경험이 누구에게나 있을 것입니다.

친한 사람과 있을 때는 상대는 이미 나를 알고 있다고 인식해서 마음을 놓기에 뇌가 반은 잠을 자는 것과 같은 상황이 됩니다. 이런 상태를 의학 용어로 '뇌의 각성이 낮다'고 합니다. 간단히 말해 아는 사람 앞에서는 긴장감이 없어진다는 것입니다.

뇌가 반쯤 쉴 때는 뇌가 감당할 수 있는 분량이 줄어들어 평소라면 어렵지 않게 대응할 수 있는 것에도 뇌가 대응할 수 없게 됩니다. 그래서 뇌가 확실히 각성하고 있을 때는 신경 쓰이지 않는 것, 이를테면 작은 말소리나 상대의 요구 같은 것이 매우 시끄럽게 느껴지거나 성가시게 느껴져서 짜증이 납니다.

반대로 행동을 예측할 수 없는 전혀 모르는 사람을 대할 때는 뇌의 각성이 올라갑니다. 어떻게 행동해야 할지 몰라 늘 긴장합니다. 그래서 처음 인사를 나누는 영업사원이나 접수처 직원의 사소한 행동에는 그다지 신경이 쓰이지 않습니다. 뇌가 완전히 깨어 있어서 상대방의 다양한 요구에 대응할 수 있으므로 뇌는 스트레스를 느끼지 않습니다.

한편 친해져서 상대와 친밀도가 높아지면 뇌의 각성은 점점 내려갑니다. 뇌의 각성이 내려갈수록 화를 더 잘 내게 됩니다. 즉 화를 잘 내는 것은 친밀도와 비례합니다. 나중에 생각해 보면, 친한 상대일수록 정말 하찮은 일로 시작해서 격렬하게 싸우는 경우가 많습니다. 대부분 충동살인은 친족 등 근친 사이에서 일어납니다. 거기에는 이런 이유가 숨어 있다고 생각합니다.

수준이 같은 상대에게는
자기 의견을 강요하고 싶어진다

또 하나, 자각 없이 분노를 느끼기 쉬운 대표적인 상대가 있습니다. 자신과 동등한 수준으로 여겨지는 상대입니다.

아이에게 "왜 이런 쉬운 문제도 모르나!"고 하면서 화내는 부모나 부하·동료를 향해서 "어떻게 이렇듯 단순한 일도 하지 못하나!"라고 화내는 사람을 볼 수 있습니다. 그들의 이런 말은 언뜻 보기에 상대를 업신여기는 것 같습니다. 하지만 말하는 사람은 그런 뜻이 전혀 없습니다.

"너랑 나는 수준이 같으니까 잘 생각하면 너도 할 수 있는 일이다."

"이 직장에 들어올 수준이라면 할 수 있는 일이다."

오히려 이렇게 상대의 능력을 인정하기에 할 수 있는 말입니다. 요컨대 왜 기대에 어긋난 모습을 보이느냐는 것입니다.

사람은 상대방이 자신과 동등한 수준이라고 생각하면 자기 기준을 적용하려고 합니다. 따라서 '내가 아는 것은 너도 당연히 알고 있다', '내가 할 수 있는 일은 너도 당연히 할 수 있다'고 생각하는 경향이 있습니다.

그런데 자기 기준을 상대방에게도 적용할 수 있다는 것은 단순한 생각일 뿐 상대방으로서는 '그렇게 말하지만 할 수 없는 것은 할 수 없다'입니다. 이를 이해하지 못하면 뇌가 비명을 지르게 됩니다.

상대의 수준이 나보다 극단적으로 낮다고 느낄 때나 반대로 지나치게 높다고 느낄 때는 이런 일이 없습니다. 수준이 다른 사람에게는 자기 기준을 적용할 수 없다는 사실을 알기에 뇌는 왜 내가 생각한 것처럼 되지 않는지 이해할 수 없다는 스트레스를 받지 않습니다. 즉 분노는 자신과 동등한 수준이라고 인식하는 상대에게만 터뜨립니다.

여기서 말하는 동등한 수준은 학교나 회사 등 사회적 집단일 수 있고 자신과 관련된 전문 분야이거나 때로는 '인간' 자체일 수도 있습니다.

여하튼 사람은 나와 같다고 생각할 때 무의식적으로 상대에게 기대하고 자각 없이 화를 냅니다.

과거에 마음의 상처가 있으면
'듣는 귀'를 가질 수 없다

　문득 '듣는 귀'를 잃는 경우가 있습니다. 과거에 받은 마음의 상처가 되살아나는 순간입니다. 사소한 일로 자기도 모르게 크게 화를 내버린 경험이 있나요? 이를테면 평소에 신경 쓰이던 것을 지적받고 흥분해 버렸다거나 친구가 혼나는 것을 보니 나까지 혼나는 것 같아서 울컥 화가 치밀었다는 경험 말입니다.

　이 경우, 지금 당장 무슨 문제가 있는 것이 아닙니다. 그래도 화가 나는 것은 누군가에게 들은 말이나 눈앞의 장면이 마중물이 되어 과거에 뇌가 '감당할 수 없다!'는 패닉에 빠졌을 때의 기억을 불러왔기 때문입니다. 과거 기억이 원인이 되어 불안해지고 짜증이 나는 것입니다. 이른바 마음의 상처라는 것인데, 상처이기 때문에 건드리면 아픕니다. 건강한 사람이라면 아무것도 아닌 작은 자극에도 아픔을 느낍니다.

이와 같이 마음의 상처가 있는 일은 조건 없이 '듣는 귀'를 가질 수 없게 되기도 합니다. 이 경우는 지금 화가 난 것은 내 앞의 일 때문이 아니라 과거의 사건에 원인이 있다고 생각하는 것만으로도 뇌가 침착해지면서 '듣는 귀'를 찾을 수 있습니다. 자신이 필요 이상으로 날카로워졌다면 문제가 여기에는 없을지도 모른다고 생각해 보는 것이 좋습니다.

화를 내는 것도
어리광이다

　지금까지 당신이 듣는 귀를 잃어버리는 경우와 그 관계를 설명했습니다. 중요한 사실은 듣는 귀를 가질 수 없게 되는 상대가 근친이거나 친구 등 당신의 버팀목이 되는 가장 소중한 사람들이라는 것입니다.

　원래 이런 사람들은 뇌의 각성을 올려야 할 상대이며 신경 써야 할 상대입니다. 그런데 그러지 못하고 무심코 화내는 것은 상대에게 어리광을 부리는 것입니다. 사람은 화내는 상대에 대해 기본적으로 이 사람에게는 화내도 용서받을 수 있다고 생각합니다. 화내도 되는 상대라고 무의식적으로 생각하는 것입니다.

가족이기 때문에 받아준다, 친구라서 용서해 준다, 부하이기 때문에 혼나는 것도 업무의 하나다. 상대를 이렇게 생각하기에 안심하고 화를 내는 것입니다. 이는 반대의 경우를 생각해 보면 이해가 됩니다. 당신의 분노를 받아주지 않는 명확한 상대, 이를테면 엄한 상사 등에게는 화내는 일이 없습니다.

결론적으로 상대를 배려하지 않고 자신도 모르게 분노를 드러내는 사람은 미숙하고 상대에게 응석을 부리는 사람입니다. 이렇게 말하는 저도 가족이나 동료에게 언성을 높이는 일이 있습니다. 가까운 사람에게 특히 화를 잘 내는 사람은 자신이 상대에게 어리광을 부리고 의존한다는 사실을 자각할 필요가 있습니다.

2장

화를 폭발하지
않는 기술

문제를 잠깐 뒤로
미뤄둔다

여기서는 좀 짜증 난다고 느꼈을 때 사용할 수 있는 몇 가지 기술을 소개하겠습니다. 날카로워진 마음이 진정되고 분노가 잇따라 일으키는 실수를 피하는 방법입니다. 말하자면 짜증이 났을 때 분노를 폭발하지 않으려는 응급처치입니다. 효과가 바로 나타나니 적극적으로 활용하시기 바랍니다.(평상시 화를 내지 않는 근원적 치료는 5장에서 설명하겠습니다.)

문득 분노가 치밀어올라 욱하는 자신을 발견했다면 먼저 해야 할 일이 있습니다. '계속하지 않는다' '결정하지 않는다' '진행하지 않는다'는 세 가지 '않는다'입니다.

해야 할 세 가지 포인트

계속하지 않는다!

결정하지 않는다!

진행하지 않는다!

첫째, '계속하지 않는다'는 대화를 계속하지 않는다는 말입니다. 짜증이 나는 것은 대개 누군가에게 엉뚱한 요구를 들었을 때입니다. 그 상대와 그대로 이야기를 이어나가면 반드시 싸움이 됩니다. 싸움은 특정 뇌번지의 용량이 가득 찼기 때문에 일어납니다. 분노로 뇌 기능이 떨어져 정상적으로 판단할 수 없게 되었기 때문입니다.

이때 감정에 따라 뭔가 말한다면 냉정할 때는 절대로 입에 담지 않을 말을 할 우려가 있습니다. 이대로 계속되면 상대방도 흥분해서 정신을 차렸을 때는 이미 큰 싸움이 벌어진 다음입니다. 심하면 절교를 하거나 회사를 그만두는 등의 일이 일어나기도 합니다.

다음으로 중요한 것은 새롭게 무언가를 '결정하지 않는다'입니다. 뇌 기능이 떨어져서 이때 결정한 일에는 뭔가 빠뜨린 부분이 있습니다. 근시안적으로 결정해서 반드시 그렇다고 해도 좋을 만큼 후회할 일이 생깁니다. 너무 급하게 대책을 세우다 구멍이 많아 오히려 해야 할 일이 더 많아진 경험을 한 사람도 적지 않을 것입니다.

또 머리를 쓰는 일이나 실수를 하면 돌이킬 수 없는 작업을 할 때 신경이 곤두서는 일이 있으면 일단 멈추고 일을 진행하지 않는 것도 중요합니다. 화가 났을 때 뇌에 쏠린 혈액은 30분에서 1시간 동안 내려가지 않습니다. 따라서 적어도 1시간은 '계속하지 않는다', '결정하지 않는다', '진행하지 않는다'를 명심하고 있어야 합니다.

화가 치밀어오를 때는 적당히 말을 끊고 조급하게 일을 결정하거나 진행하고 싶은 마음을 가라앉혀야 합니다. 최소 1시간은 미루는 겁니다. 경험해 보면 알겠지만 1시간이 지나면 마음이 가라앉아서 '아까는 왜 그렇게 사소한 일로 짜증이 났을까'라고 마치 남의 일처럼 느끼기도 합니다.

누군가를 화나게 해서 바로 그 자리에서 사과했지만 이를 받아주지 않는 일이 있습니다. 상대 역시 흥분해서 1시간은 '듣는 귀'를 가질 수 없기 때문입니다.

최악의 상황은 이때 "그럼 저는 어떻게 해야 할까요?"라고 질문하는 것입니다. 상대는 뇌가 과부하인 상태에서 이런 질문을 받았으니 감당할 수 없어서 "황당하네! 대체 무슨 말을 하는 거야?"라고 할 것입니다.

어떤 문제로 상대방을 화나게 했으면 그 자리에서 바로 사과한 후 잠시 거리를 둡니다. 1시간 정도 지나서 상대방 머리가 차가워졌을 때쯤 다시 한번 사과하고 필요하면 문제점이나 대책을 논의

욱하는 성질 잡는 뇌과학

하는 것이 좋습니다.

여하튼 분노를 느끼면 '계속하지 않는다', '결정하지 않는다', '진행하지 않는다'를 기억하는 것만으로도 문제를 대부분 피할 수 있습니다.

자극에서 벗어나 뇌가 효율적으로
움직일 때까지 기다린다

앞에서 살펴본 세 가지 가운데 '계속하지 않는다'는 것이 특히
중요합니다. 욱하고 1시간 정도 지나면 뇌압이 떨어집니다. 그러
나 불안의 원인이 되는 자극을 계속 받으면 그렇게는 되지 않습
니다. 그동안에도 뇌압이 계속 오르므로 분노에서 벗어나 평상
심을 찾을 때까지 더 많은 시간이 필요합니다. 여하튼 '자극에서
벗어날 것.' 이것이 냉정을 되찾는 가장 빠른 방법입니다.

비위에 거슬리는 상대나 하찮은 소리를 하는 상대가 눈앞에
있으면 대화를 끝낼 뿐 아니라 가능한 한 그 사람을 보지 않아
야 합니다. 가장 좋은 방법은 자연스럽게 다른 장소로 이동하는

욱하는 성질 잡는 뇌과학

것입니다. 거슬리는 상대가 있는 공간이나 싫은 일을 경험한 공간은 기억 속에서 연결되어 그 공간 자체가 자극이 될 수도 있습니다.

불쾌한 일이 있을 때는 그 장소에서 떠나는 것이 바람직합니다. 건물을 통째로 바꾸는 것이 가장 좋은 방법이니 외출할 수 있다면 꼭 그렇게 합니다.

그러나 일하는 도중이거나 어린아이가 있으면 쉽게 자리를 뜰 수 없습니다. 이런 경우에는 컴퓨터 모니터 같은 것으로 상대방과 나 사이에 칸막이를 만들어 시야를 가리거나 좋아하는 음악을 들으며 자극에서 뇌를 일시적으로 떨어뜨려 놓습니다. 당신을 짜증 나게 하는 것이 메일이나 소셜네트워크서비스(SNS) 등의 글이라면 과감하게 컴퓨터나 스마트폰의 전원을 끕니다.

자극에서 벗어나야 한다고 생각하지만 물리적인 공격을 하지 않는 이메일이나 SNS의 글 등은 무심코 계속 보게 됩니다. 사람들이 이런 것에 쉽게 매혹되기 때문입니다. 하지만 불안이나 위험을 그대로 두면 머지않아 생명의 위험을 불러올 수도 있습니다.

아무래도 신경이 쓰인다는 마음을 어떻게든 떨쳐 버리고 어쨌든 자극이 되는 컴퓨터나 스마트폰에서 일부러 멀어져야 합니다.

억지로라도 뇌압이 떨어질 때까지 1시간은 자극에서 벗어나야 합니다.

중요한 것은 자극에서 벗어나 뇌가 효율적으로 움직일 때까지 기다리는 것입니다. 대책을 생각하는 것은 그다음에 하는 것이 훨씬 좋습니다.

분노는 근육으로 보내서
태워버린다

자극에서 벗어나 1시간 정도 지나면 뇌는 냉정함을 되찾고 분노는 자연스럽게 진정됩니다. 이사이에 적극적으로 노력하면 더 효과적인 것이 있습니다. 분노를 느끼는 뇌번지에서 벗어나는 방법입니다. 우리가 분노를 느끼는 것은 8개 뇌번지 중 7개 뇌번지 어딘가가 용량이 초과되었을 때 각각의 장소에서 '감당할 수 없다!'는 스트레스가 감정계 뇌번지를 거쳐 분노로 표출되기 때문입니다.

❶ 사고계 뇌번지 → 생각할 수 없다

❷ 전달계 뇌번지 → 전할 수 없다

❸ 이해계 뇌번지 → 이해할 수 없다

❹ 운동계 뇌번지 → 움직일 수 없다

❺ 청각계 뇌번지 → 들리지 않는다

❻ 시각계 뇌번지 → 보이지 않는다

❼ 기억계 뇌번지 → 기억이 안 난다

❽ 감정계 뇌번지 …… ❶~❼ 뇌번지에서 감당할 수 없어

신경이 곤두서다!

이런 식입니다. 이를테면 업무에서 새로운 기획이 떠오르지 않아 초조해진다면, 이것은 ❶의 사고계가 가득 차서 다른 것에 대응할 수 없게 되었을 때입니다. 이때 같은 뇌번지를 계속 사용하면 과부하가 걸려 누군가에게 가벼운 업무 지시를 듣는 등 사소한 자극만 받아도 욱합니다.

누군가에게 불합리한 말을 들었을 때는 ❸의 이해계가 '이 사람은 대체 무슨 말을 하는 거야?'라는 의문으로 가득 찹니다. 이런 상태에서 더욱 불합리한 말을 계속 듣거나 대답을 재촉당하면 역시 사고계 뇌번지에 과부하가 걸려 '시끄러워 견딜 수 없다!'는 상태가 됩니다.

심하게 노동한 영역은 뇌에서 가장 심하게 과부하에 걸립니다. 곧 신경이 곤두서서 아무것도 할 수 없는 장소입니다. 이때 여기에 걸려 있는 부하보다 더 큰 부하를 다른 뇌번지로 점프시키면 의식을 그쪽으로 집중할 수 있습니다. 분노를 느끼는 뇌번지에서 다른 뇌번지로 의식을 전환하는 것입니다.

기본적으로 과부하에 걸린 뇌번지가 아닌 다른 뇌번지를 움직이게 하면 됩니다. 다만 신경이 곤두선 상태에서는 '지금은 어느 뇌번지에 부하가 걸려 있다'는 것을 생각하는 것도 스트레스가 됩니다. 따라서 분노를 느끼면 아무것도 생각하지 말고 일단 그 분노를 운동계 뇌번지로 돌립니다.

저는 짜증 났을 때 눈을 감고 외발서기를 합니다. 건강에 이상이 없다면 외발서기는 그리 어려운 동작이 아닙니다. 그러나 눈을 감으면 균형을 잡기가 어렵습니다. 넘어지지 않고 서 있기를 몇 번 반복하다 보면 여기에 신경이 쓰여 분노 자체를 잊어버립니다. 다른 일에 집중하면서 화를 내기는 쉽지 않은 일입니다.

몸속 산소를 사용하는 유산소 운동도 좋습니다. '걷기'처럼 비교적 약한 힘이 지속적으로 근육에 가해지는 운동을 할 때, 우리는 체지방을 연소해서 에너지원으로 사용합니다. 지방을 연소하려면 산소가 필요한데, "하~하~" 하고 숨이 찰 정도로 운동하면 몸 안의 혈액순환이 좋아져 온몸의 근육에 산소를 보냅니다.

화가 났을 때 이런 유산소 운동을 하면 분노로 머리에 쏠린 혈액이 온몸으로 분산됩니다. 즉 머리가 더 빨리 차가워집니다.

욱하는 성질 잡는 뇌과학

할 수 있다, 알고 있다고 하면
뇌압이 떨어진다

또 하나 화가 난 뇌를 식히는 방법이 있습니다. 자기 뇌에 "할 수 있다", "알고 있다"는 말을 들려주는 것입니다. 사람이 화를 내는 이유는 감당할 수 없는 일에 대해 뇌가 그 해결법을 찾아 머리에 피를 올렸기 때문입니다. 이때 "괜찮다. 나는 잘 대처할 수 있다. 해결법을 안다"라고 자신에게 말을 걸어주면 급격히 오른 뇌압을 진정시킬 수 있습니다.

"할 수 없다", "모른다"고 하면 답을 찾아 의식이 헤매므로 "할 수 있다", "알고 있다"는 말을 해주는 것만으로도 뇌의 불필요한 생각을 일시적으로 정지시킬 수 있습니다.

알고 있다!
할 수 있다!

Cool

욱하는 성질 잡는 뇌과학

흔히 자기계발서 등에서 "하면 할 수 있다", "나는 할 수 있다"는 말을 스스로 하면 마침내 능력을 발휘할 수 있다고 하는데, 뇌과학의 관점에서도 이런 말에는 뇌압을 떨어뜨려 머리를 차갑게 하는 효과가 있습니다.

여기서 떠오르는 사람이 있습니다. 전 테니스 선수 마쓰오카 슈조松岡修造입니다. 사람들은 그를 '뜨거운 남자'라고 하는데, 사실 그는 중요한 일이 있을 때마다 "할 수 있다!"라고 자신에게 주문을 걸 뿐 그의 뇌는 결코 뜨겁지 않습니다.

"할 수 있다!"는 말을 뇌에 들려주는 것만으로 답이 없는 의문이나 불안에 사로잡히지 않고, 지금의 자신이 할 수 있는 것에만 온 신경을 집중할 수 있습니다. 그래서 제대로 된 성과를 낼 수 있는 것입니다.

'할 수 있다', '알고 있다'로 머리가 식으면 그 후에는 대처해야 할 일들이 자연스럽게 보입니다. 짜증 나고 불안할 때일수록 '나는 잘할 수 있다!'고 믿어야 합니다. 구체적인 대책은 뇌가 안정된 뒤 생각해도 됩니다.

푸념이나 욕설은
분노를 조장한다

　화가 났을 때 누군가에게 푸념을 하거나 욕을 해서 기분을 푸는 사람이 있습니다. "오늘 상사에게 이런 말을 들었는데 정말 화가 나서 미치겠더라"라든가 "친구라고 생각했던 녀석에게 이런 심한 일을 당하다니"라며 마음에 둔 감정을 토해내면 가슴이 후련해지기도 합니다.

　그러나 이것은 그다지 좋은 방법이 아닙니다. 화가 난 그 당시 장면을 떠올리면 분노가 다시 올라오기 때문입니다. 누군가에게 전하려고 그때 일을 자세히 떠올리면 '내가 왜 이런 불합리한 일을 당해야 하지'라는 해결할 수 없는 의문이 다시 솟아오릅니다.

　　　　　　　　　　　　　　　　　욱하는 성질 잡는 뇌과학

그래서 뇌가 불안해지고 머리에 피가 쏠리게 됩니다.

또 푸념이나 욕설을 전해 들은 상대는 당신의 '왜?'라는 의문을 그대로 체험하기 때문에 결과적으로는 '분노하는 뇌'를 하나 더 만들게 됩니다. 분노를 전하는 것은 분노를 더 키우는 것에 지나지 않습니다. 푸념하거나 욕하면 가슴이 후련해지는 것이 아니라 오히려 분노를 부추길 수도 있습니다.

특히 분노로 뇌압이 올라가 있는 상황에서 푸념하거나 욕하면 말하지 않아도 될 말까지 해서 당신을 화나게 한 상대를 필요 이상으로 깎아내릴 가능성도 있습니다. 이렇게 되면 당신이 거짓말한 것이 되고 당신 상황이 나빠질 수도 있습니다.

짜증이 났을 때일수록 푸념이나 욕설은 하지 않는 것이 자기 뇌는 물론 상대방 뇌를 진정시키는 요령입니다. 그래야 불필요하게 적을 만들지 않고 당신 몸을 보호하는 것으로 이어집니다.

존경하는 사람, 화내지 않는 사람의
생각을 빌린다

그래도 짜증이 가라앉지 않고 누군가에게 불평하고 싶어서 견딜 수 없을 때는 당신이 진심으로 존경하는 사람 또는 당신이 아는 사람 중 화를 잘 내지 않는 사람을 떠올려 봅니다. '그 사람이라면 지금 내가 분노하는 것 같은 일로 화를 낼까?' 하며 그 사람 처지에서 생각해 봅니다.

저는 어떤 경우에도 절대 화를 내지 않았던 할아버지를 떠올립니다. 제 본가는 니가타현에 있는데, 그 지역의 특성상 언성을 높이는 사람이 많지 않았습니다. 그중에서도 할아버지는 유난히 온화하셔서 누구에게 불평하거나 분노를 드러내는 일이 없었습니다. 저는 할아버지를 매우 존경했고 할아버지 말은 잘 따랐습니다. 그래서 제 마음을 가라앉히고 싶을 때 할아버지를 떠올립니다.

"할아버지라면 이런 일로 짜증 내는 법이 절대 없었을 것이다. 그런데 나는 이런 사소한 일로 화를 내고 있으니 이 얼마나 덜 성숙한 인간인가!" 하면서 화를 내는 나 자신을 부끄러워합니다.

존경하는 사람이나 화를 내지 않는 사람의 사고 패턴을 빌리는 이 방법은 자기 시점을 그들 위치까지 끌어올리는 것입니다. 이렇게 시점을 끌어올려 화가 나 있는 자신을 바라보면 새삼 알게 되는 게 있습니다. 분노를 품은 채 부글부글 끓는 자신은 "나는 지금 참 많이 힘들다!"라고 큰 소리로 울부짖는 어린아이와 같다는 것입니다.

"나는 힘들다"라고 외치면
분노는 사라진다

앞서 몇 번 말한 것과 같이 분노는 "나는 감당할 수 없다"라는 뇌의 비명입니다. 결국 분노는 '나는 지금 힘들어 죽겠다'는 신호입니다. 단순히 그것 하나입니다.

그러므로 상대가 당신을 공격하거나 지금 상황에서 벗어나야 할 때가 아니라면 공격적으로 행동하거나 자신에게 상처 주는 일을 할 필요가 없습니다.

분노를 느꼈을 때는 신경 쓰이는 사람을 의식하지 말고 "아, 지금 나는 참 힘들다!"라고 마음속으로 외쳐봅니다. 이것만으로도 신기하게 누군가에게 또는 자신에게 원망하는 마음이 사라집니다. 그리고 '과연 나를 힘들게 하는 것이 무엇일까?'라는 구체적 현상에만 초점을 맞출 수 있게 됩니다. 이때 비로소 분노에 사로잡히지 않고 분노에서 벗어날 수 있습니다.

3장

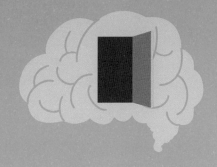

다른 사람의 분노에
감염되지 않는다

분노는 나도 모르게
전염된다

자기 분노는 조절할 수 있다고 해도 뜻하지 않게 다른 사람의 분노를 보는 순간 덩달아 격해지는 일이 있습니다. 주변의 영향을 받아서 순식간에 감정이 전달되는 현상을 주로 '거울 뉴런 Mirror neuron'(관찰 혹은 다른 간접경험만으로도 마치 내가 그 일을 직접 하는 듯이 반응하는 것-옮긴이)이라는 뇌 신경세포 작용으로 설명합니다.

'흉내 내는 신경세포'라고도 불리는 거울 뉴런에는 다른 사람의 행동을 지켜보면서 그들이 하는 것을 흉내 내고 싶어 하는 기능이 있습니다. 뇌 속에는 거울 뉴런만이 아니라 환경과 동조하기 쉬운 신경세포, 이른바 '동조 세포'도 상당히 많다고 생각합니다.

일련의 동조 세포 덕분에 사람들은 다른 사람의 행위를 흉내내고 잘 동조합니다. 상대를 공감하거나 상대가 어떤 생각을 하는지 추측할 수 있는 것도 동조 세포 때문인지 모릅니다. 반면 동조 세포 때문에 눈앞에 화가 나 있는 사람이 있으면 바로 그 사람의 분노에 동조하게 됩니다.

가족 중 한 사람이 언짢으면 식탁은 분위기가 점점 무거워집니다. 회의 자리에서 구성원 중 한 사람이 짜증을 내면 분위기가 무거워져서 의견을 말하는 사람이 확 줄어듭니다. 이것이 모두 동조 세포 때문입니다.

심할 때는 한 사람의 짜증이 많은 사람에게 전염되어 가정이나 직장 등 집단 전체가 제대로 기능할 수 없는 상태에 빠지기도 합니다. 인터넷의 특정 사이트에 많은 비난이 집중되는 것은 바로 이런 현상의 전형적인 예라고 할 수 있습니다.

그럼 다른 사람의 분노에 감염되지 않으려면 어떻게 해야 할까요? 이번에는 다른 사람에게 감염되지 않는 방법을 구체적으로 살펴보겠습니다.

'이 사람이 지금 힘들구나'라고 생각하면
냉정해질 수 있다

인간은 화가 나 있는 사람을 보면 무심결에 불안해지는데, 이것은 동조 세포 때문입니다. 물론 동조 세포 외에도 화가 나기 쉬운 원인이 있습니다. 앞서 설명했듯이 뇌가 '감당할 수 없다!'는 패닉에 빠질 때입니다.

화를 내는 사람이나 화를 내지는 않지만 초조해하는 사람을 보면 다음에는 무엇을 할지 예상할 수 없습니다.

- 갑자기 폭발할 것 같다.
- 지금은 조용히 고개를 숙이고 있지만, 내가 뭐라고 하

면 난리를 칠 것 같다.

이렇게 생각되면 가까이에 있는 것만으로도 불안해집니다. 화가 난 사람이 "너는 일머리가 없으니 아침에 출근이라도 일찍 해!"라는 식으로 화풀이 비슷하게 터무니없는 요구를 하는 경우도 있습니다. 불안하거나 불합리한 상황일 때 뇌는 대개 '감당할 수 없다!'는 패닉에 빠집니다. 따라서 화가 나 있는 사람이나 짜증이 나 있는 사람과 함께 있으면 나까지 초조해지고 짜증이 납니다.

화를 내는 사람의 태도나 요구가 불합리할수록 그걸 받는 쪽은 공격당했다고 느끼는 경향이 있습니다. 이유를 모르고 당하는 압력은 폭력과 같기 때문입니다. 공격을 당하면 당연히 나도 공격하고 싶어집니다. 그래서 화낸 상대에게 "말씀이 좀 심하시네요"라고 반론하거나 상대의 실수를 발견해서 "잘못은 당신이 했지요"라고 되받고 싶어지는데, 이는 인간으로서 아주 자연스러운 반응입니다.

그런데 여기서 반론하거나 되받아 공격하면 이미 '감당할 수 없다!'는 상황에서 화내는 사람의 뇌에 새로운 자극을 주게 됩니다. 불에 기름을 붓는 격으로 사태는 더 심각해집니다. 그러므로 화가 나 있거나 짜증이 나 있는 사람 앞에서는 반격하고 싶은 마음을 억눌러야 합니다.

그렇다고 억지로 억누를 필요는 없습니다. 분노는 '나는 지금 힘들다'는 신호라고 앞에서 말씀드렸습니다. 따라서 이런 사실을 알고 있다는 시선을 화난 상대에게 보내기만 하면 됩니다. '아, 이 사람은 지금 힘들구나'라고 생각하는 것만으로도 성난 상대에게 차분해질 수 있습니다. 그러면 화나 있는 상대에게 반격해야겠다는 마음이 신기하게도 사라집니다.

동정은 분노를 미리 막는 특효약이다

화가 난 사람을 보고 '이 사람은 지금 힘들구나'라고 생각하면 되받아 공격하고 싶은 마음 대신 동정심이 생깁니다. 예전 상사 중에 절대로 다른 사람의 분노에 감염되지 않는 이가 있었습니다. 이 터키 남자는 분노를 동정으로 바꾸는 데 달인이었습니다. 제가 미국 미네소타대학교 방사선과 MRI연구센터에 있을 때 같이 근무했는데, 저보다 열 살 많았습니다.

MRI에서 세계적 권위자였던 그는 고집스럽고 거만한 연구자들이 적지 않은 센터에서 나이도 어린 저를 늘 정중하게 대했습니다. 매우 바빴는데도 온화한 태도를 잃지 않았고, 제 연구에

욱하는 성질 잡는 뇌과학

대한 다양한 질문에도 건설적인 조언을 해주었습니다.

그 밑에서 일할 때 제가 너무 피곤한 나머지 짜증을 낸 적이 있습니다. 일본 연구자였다면 반드시 호통이 떨어질 것 같은 방식으로 말입니다.

이때 그의 반응은 정말 뜻밖이었습니다. 아랫사람인 저의 무례한 태도에도 "도시노리, 괜찮아?" "너는 평소에는 온화한 사람인데…, 뭔가 걱정거리라도 있는 거야?"라고 염려스러운 얼굴로 저를 챙겨주었습니다. 순간 유치하게 행동한 저 자신이 부끄러워졌습니다. 그리고 그의 넓은 아량에 깊이 감동했습니다.

결코 화를 내지 않는다는 그의 태도는 언제나 유지되었습니다. 결국 저는 그와 함께 일한 6년 동안 그가 화내는 모습을 한 번도 보지 못했습니다. 배려심이 넘치는 멋진 태도를 갖춘 사람이 있고, 그런 사람 밑에서 일할 수 있었던 행운에 지금도 진심으로 감사하고 있습니다.

그에게서는 업무만이 아니라 훌륭한 '어른'이 어떤 자세를 지녀야 하는지도 배웠습니다. 화내는 사람을 '힘든 사람'이라고 인식하고 상대의 고통에 귀를 기울이는 것입니다. 상대를 공격하지 않고 상대 고통에 다가가 "평소와 다른데 피곤하니?" "무슨 고민이 있니?"라고 묻는 데 조금의 꾸밈도 없습니다.

사소한 자극에도 민감해질 수 있는 '화난 사람'이라고 해도 스트레스 없이 받아들일 것입니다. 그렇게 되면 화낸 사람도 신기하게 '그래, 분명 지금의 나는 평소와 다르다. 왜 이렇게 짜증이 날까'라면서 자신의 분노를 깨달을 것입니다.

화가 난 사람을 동정하면 나 자신도 초조해지는 일이 없고 상대도 진정시킬 수 있습니다. 분명 화를 미리 막을 수 있는 특효약이라고 할 수 있습니다.

화난 사람을
무조건 받아들인다

화가 난 사람이 무슨 말을 하더라도 무조건 '네'라고 대답하고 상대를 받아들이는 자세를 취하는 것이 매우 효과적입니다. 긍정이나 수용에는 상대의 불안한 마음을 완화하고 뇌압을 낮추는 힘이 있습니다. '네'라는 한마디는 상대의 화를 풀어줍니다.

얼마 전 제가 원장으로 있는 병원에 힘이 엄청난 여자아이가 찾아왔습니다. 가벼운 발달장애가 있는 여자아이는 초등학생이었습니다.

병원에서는 발달장애가 의심되는 어른이나 어린이에게 뇌 영상 진단 등을 실시해서 뇌의 상태에 맞는 학습법을 조언합니다. "공부를 잘하려면 이런 것을 주의하고 이러이러해야 합니다"라고 했더니 여자아이는 "네, 알았습니다"라고 크게 대답했습니다.

이 한마디에 저는 큰 위안을 받았습니다. 뇌에 문제가 있는 사람들에게 도움이 되고 싶어 의사로서 노력해 온 긴 세월이 그녀의 순수하고 씩씩한 "네!"라는 한마디에 모두 인정받는 기분이었습니다.

어른이 되면 될수록, 이치나 도리를 알면 알수록 사람은 "그건 알고 있습니다만…." "그런데 그건 무엇을 위해서 하는 것입니까?"라는 말을 합니다. 그런데 아무 의심 없이 제 말을 믿고 받아주니 안고 있던 분노도 피로도 모두 사라지는 것 같았습니다.

사실 이 여자아이가 이야기 내용을 어느 정도 이해하고 고개를 끄덕였는지는 알 수 없습니다. 그러나 무조건 긍정에는 믿을 수 없을 정도로 큰 '긍정의 힘'이 있다는 것을 저는 체험했습니다.

상대의 생각이나 삶의 방식을 바꾸기는 기본적으로 쉽지 않습니다. 그러나 화를 내는 상대를 무조건 받아들이면, 상대가 안고 있는 스트레스를 완화할 수 있습니다. 이렇게 하면 피가 쏠려서 상승한 뇌압을 낮추고 진정시키는 일이 가능합니다. 뇌압이 떨어진 뒤에는 상대도 듣는 귀가 열려서 '그래, 그렇게도 생각할 수 있구나'라는 마음을 가질 수 있습니다.

욱하는 성질 잡는 뇌과학

상대의 요구를 받아들일지 받아들이지 않을지는 심사숙고해야겠지만, 어쨌든 먼저 '네'라고 대답하고 상대 이야기를 잘 듣는 것이 중요합니다. 이것이 상대의 분노를 가라앉히는 계기가 됩니다.

사실화하면 분노에
감염되지 않는다

상대의 분노가 너무 심할 때는 깜짝 놀라 그만 상대의 불안이나 곤혹스러움에 끌려 들어가기도 합니다. 이럴 때는 상대의 분노에서 나오는 폭언이나 행위를 단순한 사건으로 받아들이는 것이 좋습니다. 화가 난 사람의 말과 행동을 '사실화'하는 것입니다.

이를테면, 책상에서 작업하던 당신이 문득 고개를 들었는데 과장님과 눈이 마주쳤다고 합시다. 순간 과장님은 아주 큰 소리로 당신에게 소리치기 시작합니다.

"야, 네 책상은 왜 그렇게 어질러져 있어! 그러니까 일의 능률이 오르지 않고, 너 때문에 우리 부서의 성적이 떨어지는 거 아니야! 너는 평소 근무 태도부터 틀려먹었어."

과장의 목소리는 점점 더 커지고 책상을 땅땅 두드리기까지 합니다. 조금 전까지 아무 일 없이 업무를 보던 상사가 갑자기 저러니 당신은 당황하지 않을 수 없습니다. 대체 무슨 일이 일어났는지 몰라 뇌가 공황 상태에 빠지고 초조해지고 불안해지기 시작합니다. 이대로라면 갑자기 화를 내기 시작한 과장의 화에 감염될 것 같습니다.

이때 과장의 말과 행동을 사실화하면 다음과 같습니다.

"과장의 눈이 세모꼴이 됐다. 얼굴색이 점점 붉어졌다. '책상 위가 어질러져 있다'고 했다. 오른손으로 책상을 땅땅 쳤다."

마치 연극 각본에서 배우의 동작 따위를 지시하는 글처럼, 화가 난 사람의 감정에 대해서는 전혀 묘사하지 않고 실제 행동만 마음속으로 나열해 보는 것입니다. 그러면 상대의 공격적인 반응에 대한 두려운 마음이 점점 엷어집니다. 상대의 부정적인 감정을 차단함으로써 뇌의 스트레스가 줄어들었기 때문입니다.

머리가 차가워지고 객관성을 되찾습니다. 이렇게 감정에는 주목하지 않고 일어난 일에만 무게를 두는 방식은 사법부에서 많이 적용합니다.

저는 변호사 친구의 부탁을 받고 사건이나 사고의 검증을 도울 때가 있습니다. 이런 일로 재판에 출석한 적이 몇 번 있는데 법관, 검찰관, 변호사는 발생한 사실만 엄숙하게 검증합니다. "여기서 피고인과 피해자 사이에 분쟁이 시작되었고 '야, 이놈아!'라고 소리를 지른 피고인이 칼을 집어 들고…" 하는 식입니다.

진술 조서에는 화가 난 피고인이라거나 동요한 피해자라는 식의 표현은 최소한만 적습니다. 이렇게 적었다고 해도 피고인이나 피해자가 "그렇지 않습니다. 삭제해 주십시오"라고 요청하면, 감정 부분은 삭제해야 합니다. 왜냐하면 화났다거나 동요했다 등의 감정은 주관적이어서 검증할 수 없기 때문입니다.

남들 눈에 아무리 그 사람이 화가 난 듯 보였다 해도 이는 추측일 뿐입니다. 원래 분노는 그만큼 모호한 것입니다. 사소한 일로 바뀌는 엉성한 것이기도 하지요.

불같이 화를 내던 과장님도 이 시점에서 사장님한테 칭찬이라도 받으면 바로 태도가 바뀌고 싱글벙글할 수도 있습니다. 이런 모호한 다른 사람의 감정에 휘둘릴 필요가 없습니다.

자기 실수로 상대를 곤란하게 만들었을 때는 상대의 분노를 진지하게 받아들일 필요가 있습니다. 그렇지 않고 상대가 불합리한 화를 내고 있다고 느끼면 상대의 분노를 사실화해서 넘겨버리는 것이 좋습니다.

시야를 넓히면
분노한 원인을 알 수 있다

상대방의 분노를 사실화하면 재미있을 만큼 다양한 것이 보입니다. '그러고 보니 과장은 짜증을 내기 직전 부장실에 불려갔다. 그러고 나서 기분이 나빠졌다. 그렇다면 과장은 부장실에서 뭔가 스트레스를 받은 것이 틀림없다'는 식으로, 이제까지는 보이지 않았던 주변 상황이 보이게 됩니다. 화가 난 사람의 신경질적인 말이나 태도에 정신을 빼앗기지 않을 만큼 시야가 넓어졌기 때문입니다.

시야가 넓어지면, 이것만으로도 분노가 진정되는 경우가 있습니다. 이를테면 현장에서 자주 일어나는 실랑이의 실제 원인에는 상사가 납기를 지나치게 빠르게 설정했기 때문인 경우가 많습니다.

현장에서는 "A가 실수했다", "B는 왜 저렇게 손이 느리지" 등 일하는 모습만 보이고 그에 대한 불만이 끊이지 않습니다. 그러나 '처음부터 이렇게 실수가 많이 생기거나 작업 효율이 떨어지는 것은 부서 전원이 휴일에도 일하기 때문이다. 이렇게까지 해야 하는 이유는 상부에서 설정한 납기 때문이다'라는 사실을 알게 되면 신기하게도 폭발할 것 같았던 분노가 진정됩니다.

이것은 뇌가 '알았다!'고 이해하고 단번에 뇌압을 떨어뜨리기 때문입니다. 분노는 뇌가 "감당할 수 없다!"면서 비명을 지르는 신호입니다. 이때 이해계 뇌번지에서 "(이렇게 짜증이 나는 원인을) 알았다!"라고 하면 뇌 내부에서 신경세포끼리 연결하는 가지가 뻗고 뇌 속을 빙글빙글 돌기만 하던 피가 쑥 통과하면서 한번에 뇌압이 떨어집니다. 즉 원인을 알게 되면 패닉 상태로 흥분했던 뇌가 냉정을 되찾아 진정되는 것입니다.

말을 천천히 해서
상대방을 진정시킨다

화가 나서 소리를 지르는 사람은 대개 말투가 공격적이고 말이 빠릅니다. 이런 상대를 보고 있으면 이쪽도 덩달아 말투가 거칠어지고 말을 빨리 하게 됩니다. 이것은 이 장 첫머리에서 설명한 거울 뉴런을 포함한 동조 세포 때문입니다.

여기서 동조 세포의 성질을 거꾸로 이용할 수도 있습니다. 당신이 침착한 태도를 계속 보이면, 상대방을 흉내 내고 싶어 하는 동조 세포의 작용으로 화가 난 상대도 침착해집니다. 요컨대 뇌속 동조 세포와 교감하는 방법을 익히면 됩니다.

공격적인 말투로 비난하는 상대에게 당신은 의식적으로 대화

속도를 줄이고 천천히 말을 겁니다. 말하는 내용도 화가 난 상대에 끌려서 날카로워지지 않게 온화한 언어를 선택합니다. 상대가 아무리 짜증을 내더라도 당신이 침착하게 대응하면 상대는 결국 당신을 따라 하게 됩니다.

공격적인 말투로 이야기를 계속하다 보면 마침내 지고 싶지 않다는 마음이 생겨 말소리가 높아집니다. 이때 상대의 분노를 반영해서 화가 치솟고 분노가 증폭됩니다. 분노로 뇌의 기능이 떨어져 어려움에 처한 사람을 상대로 굳이 맞설 필요가 없습니다.

당신이 먼저 진정하고 상대가 혼란을 진정하게 해줍니다. 이렇게 하면 분노에 찬 상대를 분노에서 벗어나게 할 수 있습니다.

분노에 동조하지 않는
배려

　화난 사람은 화난 사람을 만듭니다. 뇌에는 상대를 흉내 내는 본능이 있기 때문입니다. 이 말은 동시에 화를 내지 않는 사람은 화를 내지 않는 사람을 만든다는 것이기도 합니다. 즉 당신은 누군가의 분노에 감염되지 않는 것으로 화를 내는 사람에게 손을 내밀 수 있다는 것입니다.

　화난 사람에게 동조되어 짜증을 내면 당신의 뇌 기능도 떨어집니다. 그 결과 쉽게 찾을 수 있는 해결법을 함께 잃어버리고, 둘은 깊은 상처를 입을지도 모릅니다.

　상대방을 따라서 짜증을 내는 일은 간단합니다. 뇌에는 상대의 표정이나 행동을 흉내 내는 기능이 있기 때문입니다.

한편 인간은 좀 더 잘 살기 위해서 본능을 억제하는 이성을 갖추고 있습니다. 화난 사람을 바꿀 수 있는 이성은 분노에 동조하지 않는 배려가 아닐까요. 저는 요즘 이렇게 생각합니다.

화를 내는 사람은 힘든 사람입니다. 그들의 진정한 목소리를 듣고 조용하게 손을 내밀 수 있는 사람이야말로 세상이 요구하는 사람이라고 생각합니다.

4장

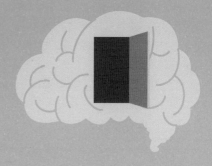

거슬리는 사람에게
다가가는 방법

거짓말을 하면 말보다
행동을 눈여겨본다

세상에는 아무렇지 않게 거짓말을 하는 사람이 있습니다. 다음과 같은 일을 당하면 매우 화가 납니다.

"몸이 안 좋아서 오늘은 집에서 쉬어야겠습니다"라고 연락해 온 부하 직원이 다음 날 햇볕에 검게 그을린 얼굴로 출근했다.

"절대로 바람을 피우지 않겠다"라고 약속했는데 또 바람을 피웠다.

이때 느끼는 분노는 말과 행동 중 어느 쪽이 사실인지 알 수 없다는 생각이 답을 찾아서 뇌 속을 마구 돌아다니는 데 원인이 있습니다. 이때는 상대의 말과 행동 중 말이 아니라 행동을 눈여겨봐야 합니다. 말은 행동에 대한 변명일 뿐이기 때문입니다.

아파서 집에서 쉬겠다던 사람의 얼굴이 햇볕에 그을었다면, 적어도 하루 종일 집에만 있지는 않았을 것입니다. 절대로 바람을 피우지 않겠다고 했지만 다시 바람을 피웠다면 바람을 피운 그 행동이 사실인 것입니다.

거짓말하는 사람의 말은 케이크의 데코레이션, 즉 토핑에 지나지 않습니다. 행동이야말로 케이크의 본체인 스펀지 빵입니다. 말과 행동이 일치하지 않는 사람의 말은 행동을 단순히 장식하는 것에 불과합니다.

상대가 하는 말과 행동 중 어느 쪽이 사실인지 알게 되면 뇌는 단번에 냉정해집니다. 거짓말을 하는 상대에게서 벗어났다는 것은 뇌가 냉정해져서 사물을 객관적으로 볼 수 있게 되었다는 것을 말합니다.

증거는 없지만 왠지 저 사람이 거짓말을 하는 것 같다고 생각될 때는 먼저 불신감을 느끼기 시작했을 당시로 거슬러 올라가 그 사람의 행동만 시간적으로 나열해 봅니다.

장기간의 행동만 연결해서 살펴보면 '그러고 보니 그때 PC로 서핑할 수 있는 해안을 검색했지'라든가, '그 무렵부터 스마트폰을 잠시도 손에서 놓지 않았지'라든가, 상대에 관한 사실이 보이기 시작합니다.

안타깝게도 말은 영혼 한 조각 없는 장식품이었다는 사실을 깨달을 수 있습니다. 이것을 알았다면, 당신은 상대의 말이 아니라 행동을 눈여겨봐야 합니다. 그 사람의 말에 현혹되어 화가 났다면, 그 사람의 행동으로 시점을 돌리는 것입니다.

친한 상대일수록
'나는 나, 너는 너'라고 구별한다

거짓말한 상대가 신뢰를 쌓은 친한 사람일수록 배신당했다는 생각에 분노가 치밀어 오릅니다. 친한 사이일수록 화가 나는 것은 1장에서 설명한 바와 같이 친한 사람에 대해서는 '듣는 귀'를 가질 수 없게 되었기(56쪽) 때문입니다. 또 가까운 사이일수록 뇌 구조의 차이가 두드러지게 인식된다는 이유를 들 수 있습니다.

뇌는 그 사람의 삶의 모습을 그대로 반영한, 그 사람만의 특별한 모양을 가집니다. 따라서 한마디로 뇌라고 하지만, 각자 뇌 구조가 각각 다릅니다. 같은 것을 봐도 보는 사람에 따라 인식이 다릅니다.

그러나 대개 사람들은 이렇게 생각하지 못하고 같은 경험을 공유한 사람과는 같은 인식을 한다고 믿습니다. 그런데 막상 이야기하다 보면 같을 거라고 생각했던 상대의 인식이 자신과 미묘하게 다르다는 것을 압니다.

이때 '그렇군. 그 사람과 나는 다르니까'라고 인정하면 되는데, 사람마다 뇌 구조가 다르고 사실을 다르게 인식한다는 것을 모르는 사람의 뇌는 불안과 의문을 느끼고 '감당할 수 없다!'는 상태가 됩니다. 그 결과 '그렇지 않지! 왜 그렇게 영문도 모르는 말을 하는 거야!' '배신당했다!'고 생각합니다.

오랜 시간 함께 지내온 사람일수록 공유하는 경험이 겹치는 만큼 이런 인식이나 이해의 차이가 두드러집니다. 또 오랫동안 잘 지낸 상대일수록 나를 잘 알 거라고 기대하기 때문에 사소한 차이도 용서할 수 없게 됩니다. 그래서 가족이나 동료, 친구 등 가까운 상대에게 화를 잘 냅니다. 황혼 이혼의 원인도 여기에 있습니다.

극단적으로 말해서, 내가 내 멋대로 상대에게 기대했을 뿐입니다. 그러나 이런 사실을 알았다고 해도 상대에 대한 기대나 신뢰를 놓기는 쉽지 않습니다. 왜냐하면 생물로서 예상한 일을 배신당했다는 것은 죽음을 의미하기 때문입니다. 예컨대 먹이가 있을 것이라 믿고 찾아간 장소에 아무것도 없다면 굶어 죽고 맙니다.

인간은 집단생활을 하는 동물인 이상 본능적으로 무리의 누군가를 신뢰하고 싶다는 마음을 가집니다. 안심하고 살려고 예측이 적중하기를 바라며, 누군가를 믿고 싶다는 마음은 자연스러운 것입니다.

과거의 기억과 상대방의 행동이 달랐을 때 분노를 느끼는 것은 정상적인 반응입니다. 그러므로 친한 상대일수록 '나는 나, 너는 너'라고 서로를 나누어 생각해야 합니다. 그렇게 하는 것이야말로 친한 사람과 관계를 유지하는 가장 확실한 방법입니다.

정이 많은 사람일수록 외로움을 더 많이 느낄 것입니다. 그래도 서로 화를 내고 자각하지 못하면서 상처를 주는 것보다는 나은 일이라고 생각합니다.

몰상식한 상대를 만나면
예상에서 빗나갔을 뿐이라고 받아들인다

몰상식한 사람에게도 짜증이 납니다. 우리가 당연하다고 생각하는 규칙을 아무렇지도 않게 무시하는 사람에게 부조리를 느끼고 화가 납니다. 예를 들어 이런 경우입니다.

- 역에서 부딪친 사람. 사과해야 하는데 모른 척하다니 용서할 수 없다.
- 맞벌이 가정에서는 부부가 집안일을 분담하는 게 상식. 그런데 아내만 집안일을 하다니 화가 난다.
- 달걀프라이에는 일반적으로 소금을 뿌리는데 마요네즈

를 뿌리다니 이상하다.

실제로 사람들이 당연하다고 생각하는 일 중에는 예부터 상식인 것부터 최근에 상식이 된 것 그리고 나만의 규칙 같은 것까지 섞여 있습니다. 따라서 화를 내는 사람과 화를 나게 하는 사람 중 어느 쪽이 비상식인지 알 수 없는 경우도 적지 않습니다.

어느 쪽이나 (자기 과거의 기억으로) 상대는 이렇게 움직일 거라고 생각했는데, 그게 아니었다는 이유로 분노를 느낍니다. 예상이 빗나간 것에 대해 뇌가 "감당할 수 없다!"고 비명을 지르는 것입니다.

그렇다면 분노를 진정시키는 가장 쉬운 방법은 예상이 빗나가서 나는 지금 힘들다고 자각하는 것입니다. 상식 운운하면서 선과 악을 가리려고 하면, 어떻게 해도 상대가 나쁘다고 생각할 수밖에 없는 경우가 많습니다.

이럴 때일수록 감정적으로 상대방을 공격할 것이 아니라, 상대방에게 "이렇게 하면 좋겠다"라고 조리 있게 말해야 합니다. 냉정하게 의사를 전달하기 위해서라도 먼저 분노를 스스로 느끼고 침착하게 대처해야 합니다.

빈정거리거나 잘못을 지적하고
남을 깔보는 사람은 겁먹은 것뿐

사람을 질리게 하는 말만 골라서 하는 사람도 있습니다. 남을 깔보는 말을 하는 사람입니다. 어느 직장에나 "그런 것도 몰라." "못 쓰겠네." 이런 식으로 싫은 소리만 하는 사람이 있기 마련입니다.

아니면 "너는 그게 문제야." "내가 시키는 대로만 하면 돼"처럼 자신은 옳고 상대는 틀린 것처럼 말하는 사람도 있습니다.

이런 사람들의 공통점은 자신이 우위에 있지 않으면 불안하다는 것입니다. 청각계 뇌번지 속의 기억력이 발달한 사람 가운데 흔히 이런 사람을 볼 수 있습니다.

청각계의 기억력이 발달한 사람은 학창시절 공부를 꽤 잘한 사람일 경우가 많고, 그들은 항상 시험 성적으로 자기 가치를 판단해왔을 것입니다. 자신이 남보다 뛰어나다는 생각이 습관이 되어 자신이 남보다 조금이라도 떨어진다고 느끼면 머리가 움직이지 않습니다.

자신보다 뛰어난 상대가 등장하면 빈정대거나 잘못된 점을 지적해서 상대의 가치를 떨어뜨리려고 합니다. 상대를 내려다보지 않으면 침착하게 사물을 생각할 수 없기 때문입니다.

빈정대거나 비판만 하는 사람의 사고계 뇌번지는 '상대보다 위에 서지 않으면 제대로 생각할 수 없다!'는 패닉을 일으킵니다. 결국 빈정거림이나 지적도 분노의 일종입니다. 빈정대거나 잘못을 지적하고 비판하는 사람은 스스로 깨닫지 못하는 경우가 많아서 끊임없이 쏟아냅니다.

화난 사람에게 감염되지 않으려면 적어도 1시간은 다가가지 않는 것이 철칙입니다. 그렇다고 매번 자리에서 일어선다는 것은 현실적으로 어렵습니다.

빈정대거나 잘못을 지적할 때는 "그렇습니까" 하고 흘려듣거나, '이 사람은 지금 자기 자리를 위협받는 것 같아서 겁에 질려 있구나'라고 마음속으로 생각하면 됩니다.

욱하는 성질 잡는 뇌과학

상대의 빈정거림이나 비판에 반응하면 상대는 더 큰 우월감을 느낍니다. 상대는 신나서 더 날카로운 말을 던지기도 합니다. 따라서 빈정거림이나 비판에는 반응하지 않는 것이 가장 효과적인 방법입니다.

남녀의 차이를
이해한다

'남녀의 사고방식 차이'를 알아두는 것도 중요합니다. 화를 내는 사람에게는 기본적으로 '이 사람은 지금 힘들구나'라고 파악함으로써 동정심을 가질 수 있습니다. 하지만 상대방이 도저히 이해할 수 없는 일로 화를 내면 '이 사람은 지금 힘든 것이 아니라 원래 힘든 사람이다'라고 생각하게 되므로 동정심을 가질 수 없게 됩니다.

이성에 대해서는 같은 사람인데, 이 여자(혹은 남자)의 말과 행동은 이해할 수 없다고 느끼는 분이 적지 않을 것입니다. 이성의 말과 행동 그리고 그 바탕에 깔린 생각을 이해할 수 없는 것은

욱하는 성질 잡는 뇌과학

남녀의 뇌 구조에 미묘한 차이가 있기 때문입니다.

MIR로 촬영한 뇌 영상으로 남녀의 뇌를 비교하면 다음과 같습니다.

여성의 뇌		남성의 뇌
좌뇌의 청각계 뇌번지 발달 〈좌뇌의 특징〉 '자신의 의견'을 우선한다 〈청각계 뇌번지의 특징〉 '말'에 집착한다	↔	우뇌의 시각계 뇌번지 발달 〈우뇌의 특징〉 '세상의 가치관'을 우선한다 〈시각계 뇌번지의 특징〉 '상황' '문맥'에 집착한다

일반적으로 여성의 뇌는 남성과 비교해서 좌뇌의 측두엽이 발달해 있습니다. 좌뇌는 언어 이해가 능한 영역으로, 좌뇌가 발달한 여성은 자기 생각을 말로 잘 표현할 수 있습니다. 그만큼 자기 의견을 고집하고 남보다 자기 생각을 우선하는 경향이 있습니다. 측두엽에는 청각계 뇌번지가 있어 귀로 들어오는 말에 민감해지는 경향이 있습니다. 그래서 말에 집착합니다.

한편 남성은 여성에 비해 우뇌가 발달해 있습니다. 우뇌는 비언어 이해가 능한 영역으로 말보다는 영상으로 사물을 잘 파악하는 것이 특기입니다. 남성의 뇌는 상황 전체를 위에서 내려다보는 능력이 뛰어납니다. 시각계 뇌번지가 발달해서 더욱 이런 경향에 박차를 가합니다. 자기 주관보다는 객관, 이른바 세상의 가치관에 무게를 둡니다.

남성은 여성과 비교하면 청각계 뇌번지가 덜 발달되어 언어 자체에는 그다지 신경 쓰지 않고 상황을 반영한 문맥으로 말하는 경향이 있습니다. 이런 것들을 알면 남녀 각각의 분노 구조가 보입니다.

[좌뇌]　　　　　　　　　　　　　　　[우뇌]

수다스럽다
내 페이스로

과묵하다
규칙을 좋아한다

여성은 말에
민감하다

좌뇌의 청각계 뇌번지가 발달한 여성은 말에 민감해서 이 때문에 화를 내는 경우가 많습니다. 저는 얼마 전 중소기업 간부와 사장을 대상으로 뇌과학 강연회를 했습니다. 이날은 우연히 수강생이 모두 남성이었습니다.

남녀의 차이를 이야기했는데 '지뢰를 밟아' 여성을 화나게 한 적이 있다는 남성이 많아서 매우 인상적이었습니다. 언어에 민감한 여성은 "그때 당신은 이렇게 말했잖아" 하면서 당시 내용을 아주 잘 기억합니다.

어떤 부부에게 친구가 "결혼생활은 어때?"라고 물었다고 합니

욱하는 성질 잡는 뇌과학

다. 이에 남편이 "별로"라고 대답했답니다.

그날 집으로 돌아온 아내는 그 일은 까맣게 잊은 남편에게 "별로라니 그게 무슨 말이야. 나와 결혼생활이 별로라는 거야?" 하면서 화를 많이 냈다고 합니다.

게다가 아내는 몇 년이 지났는데도 이 일을 기억해서 부부싸움을 할 때마다 "나와 결혼생활이 별로잖아!"라면서 그 이야기를 되풀이한다고 합니다.

이 이야기를 여성들에게 하면 아내 마음이 이해가 된다는 경우가 많습니다. 그러나 남성들은 뭐 그런 것 가지고… 합니다. 말보다는 상황에 따른 맥락으로 의미를 전하려는 남성은 말 자체에는 그다지 무게를 두지 않습니다.

그러므로 여기서 부부싸움의 발단이 된 별로라는 말 자체에는 큰 의미가 없습니다. 대화의 흐름으로 보면 "별로 문제가 없다", "별로 할 말이 없다" 정도로 이해할 수 있습니다. 남성은 일반적으로 말에 대한 감성이 여성만큼 섬세하지 않아서 말에 함축성이 없습니다.

그러나 언어 감각이 섬세한 여성들은 별로라는 단어는 대개 관심이 없을 때나 불만이 있을 때 하는 말이라는 사실까지 함유해서 생각합니다.

남성이 "그런 뜻이 아니었어"라고 해도 여성에게는 받아들여지지 않습니다. 이것은 뇌 구조에 차이가 있어서 사물을 다르게 받아들이기 때문입니다.

남성은 규칙 위반을
용서하지 못한다

좌뇌가 비교적 발달한 여성은 자기 생각을 우선하는 특징이 있습니다. 따라서 때때로 상식보다는 자기주장에 집착해서 세상의 규칙을 가볍게 보는 경향이 있습니다. "그건 일반론이죠? 저는 그렇게 생각하지 않습니다"라고 할 수 있는 것이 여성의 뇌입니다.

반면 우뇌가 우위인 남성은 자신보다 세상의 가치관을 우선하는 경향이 있습니다. 《논어》에는 이렇게 쓰여 있다"거나 "스티브 잡스가 이렇게 말했는데…" 등 논거가 되는 것을 끌어내어 이야기하는 경우가 많습니다. 이것은 우뇌가 우위인 증거입니다.

다른 사람의 가치관을 강하게 의식하는 남성은 그만큼 자기 판단의 기준이 모호합니다. 확고한 자기 기준을 갖기 어렵기에 명문화된 규칙이나 상식 같은 것을 선호합니다. 규칙이나 상식에 뿌리를 둔 정의감이 여성보다 남성이 더 강한 것은 이 때문입니다.

남성은 규칙을 따르지 않는 것이나 배신에 심하게 화를 냅니다. 무협영화 등에서 "형제의 술잔을 주고받았는데 배신하다니!"라면서 대립하고, 결국 살인으로 발전하는 장면을 볼 수 있습니다.

세상의 가치관을 중시하는 남성의 뇌는, 규칙을 따르지 않는 사람을 보면 패닉을 일으킵니다. 패닉은 강한 분노가 됩니다. 특히 가족이나 친구 등 같은 목적지를 향해서 함께 걸어온 상대가 규칙을 따르지 않거나 배신하면, 패닉 정도가 심해집니다. 그 결과 열화와 같이 화를 냅니다.

"너는 어때?"라는 질문에 화내는 남자, 좋아하는 여자

자기 기준이 모호한 남성의 뇌에는 또 하나 흥미로운 특징이 있습니다. 자기 생각을 물으면 패닉에 빠지기 쉽다는 것입니다. 우뇌 우위로 세상의 가치관을 중시하는 남성은 평소 상식이나 일반론, 권위 있는 말을 바탕에 깔고 사물을 파악합니다. 따라서 "일반론이나 권위 있는 자의 말이 아니라 네 생각을 말해봐"라고 하면 매우 어려워합니다.

한편 좌뇌 우위의 여성은 자기 생각을 우선하는 경향이 있어 "너는 어떻게 생각해?"라는 질문에 대개 기뻐하며 자기 생각을 말합니다. 여성들의 대화를 옆에서 듣다 보면 각자 자기 이야기만 하는 광경을 마주하게 됩니다. 이것은 좌뇌가 발달해서 가치관의 기준을 자기 자신에게 두고 있기 때문입니다.

이런 의사소통에 능숙한 여성은 상식이나 일반론만 언급하는 남성에게 "세상 사람들이 하는 말이 아니라 네 생각을 말해봐?"라고 지극히 당연하게 질문합니다. 여기에는 상대를 공격할 뜻은 전혀 없습니다.

그러나 세상의 가치관에 따라 사물을 생각하는 남성으로서는 이런 질문을 받은 것만으로도 뇌가 패닉에 빠지고 짜증이 납니다. 이런 상태의 남성에게 여성이 "가만히 있지 말고 빨리 대답해"라고 재촉하면 남성은 "시끄러워!"라면서 화를 낼 수도 있습니다.

반대로 남성이 여성에게 무언가를 주장할 때 상식이나 일반론을 가지고 이러쿵저러쿵하는 것은 별 의미가 없습니다. 짜증 내는 여성에게 "이게 상식이잖아!"라면서 세상의 규칙을 들고 이야기하려면, "세상이 그렇다고, 그래서 어쩌라는 거야?" "나와는 상관없는 일이야!"라면서 되받아칠 것입니다. "너는 어떻게 생각해?"라는 질문에 남성의 뇌와 여성의 뇌는 다르게 반응합니다.

이제까지 언급한 바와 같이 뇌 구조의 성별 차이를 모르면 자기 기준을 이성에게도 적용할 수 있다는 착각을 일으킵니다. 그래서 이야기하면 이해할 거라고 생각하지만 이 역시 착각입니다.

남녀가 이야기를 나눌 때는 먼저 남성과 여성은 뇌 구조가 다르고, 따라서 처음부터 사물을 파악하는 방법이나 이해가 다르다는 사실을 인정해야 합니다. 여기서 시작하는 것이 접근의 첫 걸음입니다.

짜증 나는 사람의
리스트를 만든다

이 장에서는 짜증 나게 하는 대표적 패턴을 몇 가지 소개했습니다. 사람마다 유독 짜증이 나는 대상이 다릅니다. 심하게 짜증이 나는 대상은 한마디로 '싫은 사람'입니다.

저는 거짓말을 하는, 말과 행동이 일치하지 않는 사람과 함께 있으면 과거로 거슬러 올라 그 사람의 행동을 확인하고 싶어 매우 피곤해집니다.

사람에 따라서는 비판적인 말을 하는 사람이 꺼려진다고 합니다. 혹은 다른 가치관을 억지로 강요하는 이성이 특히 성가시다는 사람도 있습니다. 당신은 어떤 사람이 싫습니까?

여하튼 마음의 준비가 없는 상태에서 자신이 싫어하는 유형의 사람을 만나면 자신도 놀랄 만큼 짜증이 납니다. 방심했기 때문에 뇌가 깜짝 놀라 패닉에 빠지는 정도가 커졌기 때문입니다. 이런 사태를 불러오지 않으려면 마음속에 짜증 나게 하는 사람 리스트를 만들어두는 것도 좋은 방법입니다.

남을 욕하는 사람과 있으면 짜증이 난다거나 자기 의견은 말하지 않고 이 일 저 일 집적거리는 사람은 성가시다는 등 자신을 심하게 짜증 나게 하는 특정한 유형을 인식해 두는 것도 좋습니다. 혹은 나는 항상 말이 많은 A씨가 싫다는 식으로 개인 이름을 마음에 새겨두는 것도 좋습니다.

리스트에 있는 상대와 꼭 만나야 할 때는 그 자리에서 해야 할 일의 목적을 정하고 그것을 완수하는 데만 집중합니다. 그럴 일조차 없다면 굳이 그 사람과 사이좋게 지낼 필요가 없습니다. 이렇게 생각하면 상대의 지뢰를 밟아서 다소 갈등을 겪더라도 미리 생각한 범위 안에서 처리할 수 있습니다. 사이좋게 잘 지내야 한다고 굳이 생각하지 않으면 의외로 짜증이 나지 않습니다.

5장

화내지 않는
사람의 비밀

바로 몸을 움직이는 사람은
화내지 않는다

    화를 잘 내지 않는 사람의 일상 습관을 설명하겠습니다. 사람이 짜증을 느끼는 것은 아주 자연스러운 일이지만 일상의 사소한 행동을 바꾸는 것만으로도 분노의 원인이 되는 막연한 불안감을 없애는 습관을 들일 수 있습니다.

    화내지 않는 사람이 되기 위해 아래에서 소개하는 것 중 쉬운 것부터 시도해 보시기 바랍니다. 전부 할 필요는 없으며 자신에게 맞는 것, 지속할 수 있는 것을 선택하는 것이 성공의 포인트입니다.

    얼마 전 클리닉의 뇌 영상진단 외래에 한 여성이 찾아왔는데,

그녀는 "화내는 일이 거의 없습니다"라고 했습니다. 어떻게 화를 내지 않을 수 있느냐고 물었더니 "화를 내기 전에 몸을 움직입니다"라고 했습니다. 짜증이 날 것 같으면 그 원인을 해소하려고 바로 몸을 움직이기 시작한다는 것입니다. 이렇게 바로 몸을 움직이는 것은 분노를 담아두지 않는 중요한 요소입니다.

몸(운동계 뇌번지)을 움직이지 않으면 뇌 속의 다른 뇌번지가 작용하기 시작해 생각하지 않아도 되는 것을 생각하고 불안이 더해집니다. 불안한 요인은 찾으면 찾을수록 나오기 때문입니다.

- 책상 위가 지저분해서 일에 집중할 수 없다.
- 저 데이터를 지금 작성하는 보고서에 담아야 할까.
- 나는 놀고만 있는데, 친구들은 무엇인가를 배우며 능력을 키우는 것 같다.

이런 식으로 불안 요인을 발견하면 뇌는 패닉에 빠지고 짜증을 냅니다. 몸을 움직이지 않고 있으면 이런 불안은 점점 더 커집니다.

- 작업을 시작하기 전에 책상을 정리하자.

욱하는 성질 잡는 뇌과학

- 바로 데이터를 끌어내자.
- 나도 배울 수 있는 학원을 찾아보자.

이렇게 생각하고 움직일 수 있는 사람은 초조해하지 않습니다. 불안에 대해 '그래! 이렇게 대처하면 돼!'라는 답을 얻을 수 있어 불안을 불러오는 의문이 해소되기 때문입니다. 또 신경 쓰이는 자극을 눈앞에서 지울 수 있으므로 더는 문제를 바라보지 않아도 됩니다. 불안의 원인을 바로 지우면 고구마 줄기처럼 다른 불안까지 끌어낼 일도 없습니다.

예를 들어 "6÷2는?"이라고 물었을 때 "3"이라고 정확히 대답한 사람은 이 문제를 더는 생각하지 않아도 됩니다. 완벽한 해답에 뇌가 이해했기 때문에 신경 쓰이는 자극을 지울 수 있습니다.

그런데 "원주율은?"이라고 질문하면 "3.141592…"라며 그 답을 찾아서 계속 계산합니다. 도중에 이 계산은 영원히 끝나지 않을 것 같다는 사실을 깨달아도 좀처럼 계산을 멈추지 못합니다.

화를 낸다는 것은 어떤 의미에서는 이것과 같은 상태입니다. '알았다!'는 명쾌함을 쫓아서 끝없이 추궁하지만, 우리 분노에는 처음부터 답이 없습니다. 사람들이 화내는 것은 다른 사람이나 바꿀 수 없는 과거 혹은 불확실한 미래이기 때문입니다. 이것은 모두 내가 바꿀 수 없는 것입니다. 바꿀 수 없으니 불안하고 초조하고 화가 납니다.

한편 몸을 바로 움직이는 사람은 자신이 지금 할 수 있는 것을 감지하고 행동으로 옮길 수 있습니다. 지금 할 수 있는 일은 그 자리에서 처리합니다. 그 밖에는 스스로 바꿀 수 없는 일이나 생각해도 어쩔 수 없는 일이므로 생각하지 않습니다. 이렇게 분노에 사로잡히지 않는 사이클을 스스로 만들고 유지하는 사람이 화를 내지 않는 사람입니다.

'어떻게 하면 좋을까'가 아니라
'무엇이 문제인가' 묻는다

이제부터 무엇을 해야 할지 아는 사람, 이른바 분노에 사로잡히지 않는 사이클을 스스로 가지고 있는 사람은 지금 안고 있는 문제를 분석할 수 있는 사람이라고 할 수 있습니다.

사람은 패닉에 빠지면 뇌압이 올라 사고가 멈추므로 다음에 무엇을 해야 할지 생각할 수 없게 됩니다. 따라서 뇌압이 오르기 전에 다음에는 무엇을 해야 한다고 생각하고 행동하는 것이 분노에 사로잡히지 않는 포인트입니다.

문제를 분석해서 구체적인 사항을 찾지 못한 사람은 다음에 무엇을 해야 할지 모릅니다. 그래서 좀처럼 움직이지 못하고 분노에 사로잡힙니다.

이런 사람은 대부분 자꾸만 짜증이 난다. 그런데 어떻게 해야 할지 모르겠다고 생각하는 경향이 있습니다. '어떻게 하면 좋을까?'는 너무 막연한 질문입니다. 만약 당신이 제출한 기획안에 대해 상사가 "이 기획안에는 부족한 게 많은데 어떻게 하면 좋을까?"라고 했다면 당신은 뭐라고 하겠습니까.

"어디가 어떻게 부족한지 알려주십시오"라고 상사에게 질문할 것입니다. 일을 확실하게 진행하려면 구체적인 답변을 얻을 수 있는 질문을 해야 합니다. 따라서 짜증이 날 때는 스스로 어떻게 하면 좋을지가 아니라 무엇이 문제인지 물어야 합니다.

해본 적 없는 어려운 일을 하게 된 것은 좋은 일이지만 방법을 몰라서 짜증 난다면 어떻게 하면 좋을지가 아니라 무엇이 문제라서 진행되지 않을지를 생각해야 합니다. 그러면 자료를 잘 정리할 소프트웨어를 찾을 수 없다, 어떤 부분에 대한 정보가 부족하다 등의 문제점을 찾을 수 있습니다. 그 결과 소프트웨어를 찾든, 정보에 밝은 사람에게 이야기를 듣든 다음에 해야 할 행동을 알 수 있습니다.

문제를 해결할 구체적인 방안을 생각해 낸 순간, 머리는 '알았다!'로 전환되기 때문에 뇌압이 쑥 내려갑니다. 혈액순환이 좋아지고 머리는 차가워져 분노에 사로잡히지 않습니다. 당신을 짜증 나게 하는 문제에 부딪혔을 때는 "어떻게 해야 하지?"가 아니라 "무엇이 문제지?"라고 마음속으로 자신에게 묻는 습관을 들입니다.

움직이기 귀찮아하는 사람이
화를 잘 낸다

지금 당장 자신이 할 수 있는 일은 없고 그저 가만히 기다리는 것밖에 할 수 없는 경우도 있습니다. 이럴 때도 역시 초조함을 해소하는 가장 좋은 방법은 몸을 움직이는 것입니다.

2장 '분노는 근육으로 보내서 태워버린다'(77쪽)에서도 소개했지만 용량이 가득 찬 뇌번지, 이른바 짜증을 느끼는 뇌번지가 아닌 뇌번지에 큰 부하를 걸면 의식이 그쪽으로 이동해 분노를 잊습니다.

예를 들어 나쁜 일을 생각하기 시작해서 사고계가 한계에 도달했을 때, 이 일을 계속 생각하면 패닉에 빠지지만 운동계 뇌번지를 사용하면 의식을 그쪽으로 전환하는 일이 가능합니다.

어쩐지 기분이 우울하지만 다음에 어떻게 행동할지 생각나지 않는다면 주변의 사소한 일부터 합니다. 이를테면 어질러진 방을 정리한다거나 밀린 서류를 정돈한다거나 반려동물을 산책시킨다거나 건강을 유지할 조깅을 한다거나 여행을 하는 것입니다. 그래도 움직이기 귀찮아하는 사람은 짜증을 잘 내는 사람입니다. 이른바 분노를 다스리지 못하는 사람입니다.

하루 1만 보 이상 걸으며
머리의 피로를 푼다

앞에서 바로 움직일 수 있는 사람은 화를 내지 않는다고 했습니다. 그렇지만 일이 너무 많아서 몸이 지쳐… 도저히 움직일 수 없는 사람도 있습니다. 그 마음도 잘 압니다.

몸을 많이 사용하지 않았는데도 온몸이 피로를 느낀다면 운동계 뇌번지가 아니라 다른 뇌번지의 피로를 온몸의 피곤함과 혼동하는 경우가 있습니다. 즉 머리의 피로를 몸의 피로로 착각할 가능성이 높습니다. 이때 몸을 움직여 운동계 뇌번지를 사용하면 그동안 다른 뇌번지는 쉴 수 있습니다.

"일 때문에 피곤했는데 헬스장에서 땀을 흘리니 기분이 상쾌해졌다."

"몸은 힘들었지만, 일하는 틈틈이 가볍게 조깅했더니 몸이 가벼워지고 머리가 맑아져서 보고서를 작성하는 데 도움이 되었다."

이런 경험을 한 적이 있는 사람이 의외로 많을 것입니다. 운동하는 동안 운동계 뇌번지 이외의 뇌번지가 쉴 수 있어서 피로가 풀렸기 때문입니다. 특히 온몸의 혈액순환에 도움이 되는 유산소 운동은 효과적입니다. 업무나 공부 등으로 피곤할 때일수록 몸을 움직이면 머리의 피로를 풀 수 있습니다.

참고로 저는 만보기를 가지고 다니는데, 하루에 1만 보 이상 걸으면 화가 나지 않는다는 것을 최근에 깨달았습니다. 이것이 7천 보 아래로 떨어진 날은 부끄럽게도 폭언이 나오기도 했습니다. 회의에서 많은 이야기를 하거나 협의가 계속되면 전달계에 과부하가 걸려 담당 영역이 자제하지 못하는 것 같습니다.

요즘에는 시간만 되면 의식적으로 1만 보를 목표로 걷고 있습니다. 특히 집과 일터가 5분 이내 거리에 있는 사람은 걸음 수를 늘릴 기회가 적고 활동 패턴도 같으므로 주의해야 합니다.

그렇지만 몸을 지나치게 움직이면 체력이 떨어져 이번에는 정말 온몸이 피곤해서 움직일 수 없게 되기도 합니다. 뇌를 풀기 위해 자신에게 맞는 운동량을 알고 생활에 도입해 가는 것이 짜증을 불러오지 않는 중요한 요령이라고 할 수 있습니다.

욱하는 성질 잡는 뇌과학

'~이어야 한다' '~일 것이다'라고
생각하지 않는다

사람들이 화를 내는 것은 '나는 지금 힘들다!'는 신호입니다. 자신을 힘들게 하는 큰 요인 중 하나가 고정관념입니다. 당신이 화가 날 때 원래는 이래야 한다거나 이럴 것이라는 생각을 한 적이 있는지요? '~이어야 한다', '~일 것이다'는 고정관념입니다.

예를 들어 A는 서류를 날짜별로 정리해야 한다고 생각하는데 동료 B는 서류를 카테고리별로 정리하는 버릇이 있습니다. 서류는 날짜별로 정리해야 한다고 굳게 믿는 A는 B의 방식을 도저히 받아들일 수 없습니다. 그래서 B의 행동에 뇌가 대응하지 못한 A는 짜증을 냅니다.

A의 사고방식에는 상대방에게는 상대방의 사정이 있다는, 다른 사람과 더불어 살아가는 데 가장 기본이 되는 사고가 빠져 있습니다. 사람은 상대가 자신과 대등한 수준이라고 생각하면 자기 기준을 적용할 수 있다고 여기므로 이 기본적인 사실을 잊어버리는 것입니다.

자기 기준이 상대에게도 적용될 수 있다고 생각하면, 자기 의도와 다른 타인의 행동에 무관심하거나 그것을 무책임하다고 받아들입니다. 하지만 처음부터 자기 기준을 다른 사람에게 적용할 수 있다고 생각하는 것 자체가 큰 착각입니다. 자신이 다른 사람이나 세상에 대해 '~이어야 한다', '~일 것이다'라고 생각한다면, 먼저 이것을 자기 마음속에서 없애는 습관을 들여야 합니다.

'~이어야 한다', '~일 것이다'라고 해야 할 부분을 '나는 ~을 하면 좋겠다고 생각한다'로 바꾸는 습관을 들입니다. 앞에서 등장한 A의 경우 "나는 서류를 날짜별로 정리하는 것이 좋다고 생각한다"라는 식으로 말입니다.

'나는…'이라고 하면 그 뒤에는 '그렇다면 다른 사람은?'이라는 의문이 세트로 따라옵니다. 다른 사람 처지를 생각할 수 있게 되면 자연스럽게 '~이어야 한다', '~일 것이다'라는 생각을 바꿀 수 있습니다.

할 수 있는 것을 하면
자신감이 쌓인다

다른 사람에게만 아니라 자기 자신에게도 '~이어야 한다', '~일 것이다'라는 고정관념을 고집하는 사람이 있습니다. 이것도 물론 멈추어야 합니다. '이래야만 한다'는 생각이 자기 자신을 몰아가기 때문입니다.

- 나는 일을 더 해야 하는데.
- 나는 더 좋은 엄마가 되어야 하는데.

이렇게 할 수 있는 게 당연하다고 굳게 믿으면 하지 못하는 자신을 탓할 수밖에 없습니다. 누군가에게 "그렇지 않아. 이것만으로도 훌륭해", "잘하고 있어"라는 칭찬을 받아도 "그럴 리 없어", "부족한데도 마음을 풀어주려고 하는 빈말일 뿐이야"라고 순수하게 받아들이지 못합니다.

이런 사람은 누군가에게 부탁을 받으면 자신이 아무리 바빠도 승낙하는 경향이 있습니다. 열등감을 '양'으로 커버하려는 부분이 있기 때문입니다. 결국 할 일을 더 늘려서 불필요한 스트레스를 불러오는 결과가 됩니다.

자신에 대해 '~이어야 한다', '~일 것이다'라는 생각을 고집하는 사람은 스트레스를 밖으로 내보내기보다 자기 안으로 받아들입니다. 그래서 짜증이 나면 말이 없어지고, 이런 상태가 이어지다가 갑자기 화를 내면서 "이제 이런 짓은 그만하고 싶다!"며 모든 것을 깨버리는 경우가 적지 않습니다.

자신에 대한 '~이어야 한다', '~일 것이다'라는 생각에서 벗어날 수 없는 사람은 평소에 자신감을 기를 필요가 있습니다. 자신감이 없으니 나는 더 이래야 한다는 큰 이상을 가질 수밖에 없습니다.

자신감을 기르려면 지금 바로 할 수 있는 것 그리고 결과를 그 자리에서 볼 수 있는 것을 날마다 실천하는 것이 좋습니다. 이때

욱하는 성질 잡는 뇌과학

추천할 만한 것은 청소와 정리정돈입니다. 실천한 일의 결과가 바로 보이므로 나는 모든 일을 원하는 방향으로 바꿀 힘이 있다는 자신감이 생깁니다. 또 자신에게 향하기 쉬운 분노의 힘을 가시화해서 정리함으로써 상쾌함을 얻을 수도 있습니다.

꼭 큰일에 도전할 필요는 없습니다. 작아도 할 수 있는 일을 매일 실천하는 것이 중요합니다.

감정이 아니라
계산으로 움직인다

제가 대표를 맡고 있는 뇌진단연구소 '뇌학교'의 스태프 중에
는 좀처럼 화를 내지 않는 남자가 있습니다. 그는 이미 10년 넘게
화를 낸 기억이 없다고 말합니다. 어떻게 그렇게 화내지 않고 살
수 있냐고 물었더니 "저는 손익계산으로 움직이니까요"라는 대답
을 했습니다. 그가 말하길 화를 내면 다음과 같이 좋은 일이 하
나도 없다는 것이었습니다.

- 일이 밀리고 시간 낭비가 된다.
- 시간을 낭비한 만큼 비용도 늘어난다.

- 회의장 분위기가 나빠지면 참석한 사람 모두가 불쾌해
  진다.
- 성가신 사람, 불편한 사람으로 여겨진다.

분노를 드러내는 것으로 얻을 수 있는 것은 하나도 없고 손해 볼 일만 많으니 화를 낼 필요가 없다는 것입니다. 이처럼 화내지 않는 사람은 이성에 기초한 계산으로 행동하는 데 반해 화를 잘 내는 사람은 본능에 따른 감정으로 행동합니다. '나를 이해해달라', '내 요구를 받아달라'는 강렬한 감정은 다른 사람을 믿고 싶고 더 나아가 자신과 함께 즐겁게 살아주기를 바라는 인간의 본능에서 옵니다.

다른 사람보다 나를 우선하고 싶은 본능 때문에 현실적이지 않은 기대를 상대에게 일방적으로 강요하기도 합니다. 그 결과 기대에 부응하지 못하는 상대에 대해서는 '배신당했다!'고 느낍니다. 이것은 냉정하게 말해서 혼자만의 생각입니다. 혼자만의 생각은 사랑하는 상대에게 상처를 주고 협력 관계를 잃을 수 있습니다.

손익계산을 따지면서 산다고 하면 셈이 빠른 인간미가 없는 사람이라고 생각할 수 있지만, 남들과 사이좋게 잘 지내고 싶다

계산

감정

욱하는 성질 잡는 뇌과학

고 생각하는 사람일수록 사실 계산이 필요합니다. 결과적으로 이것이야말로 일을 해결하는 가장 빠른 방법이며, 피해를 최소화하는 요령입니다.

발끈했을 때일수록 '만약 여기서 내가 상대를 이대로 무시하면, 이 사람과 관계는 끝날지도 모른다', '만약 여기서 내가 호통을 치면, 모두가 노력한 프로젝트가 좌절될지도 모른다' 등 잃을 가능성이 있는 것을 생각하는 습관을 들이는 것이 좋습니다.

상대가 해준 것은
모두 고마운 일

그래도 상대가 하는 일에 대해 도저히 화를 억제할 수 없을 때는 어떻게 해야 할까요. 저는 "상대가 해준 것은 모두 고마운 것이라고 생각해라"라는 어머니 말씀을 되새깁니다. 상대방이 준비한 자료가 엉뚱하거나, 선물이 마음에 들지 않거나, 예상과 다른 보고를 받는 일이 있을 것입니다.

이럴 때 "부탁한 것과 다르잖아", "왜 하라는 대로 하지 않은 거야"라고 감정적으로 말하는 상황이 누구에게나 있습니다. '~이어야 한다', '~일 것이다'라는 믿음은 세상에서 말하는 상식과 겹치는 것도 많아서 상대의 예상외 행동을 꾸짖고 싶어집니다. 이때 '그는 이것이 좋다고 생각해서 이렇게 했겠지'라고 생각할 여유가 있다면, 대부분 화가 나지 않습니다.

당신이 보기에는 상대가 한 일이 불필요하거나 눈치 없는 짓이라고 느껴질 수도 있습니다. 그러나 상대는 그것이 최선을 다한 결과라고 생각합니다. 사실 저는 세상에는 악의가 의외로 많지 않다고 생각합니다. 목적지가 다르고 타이밍이 맞지 않아서 서로 엇갈리는데도 이에 대처할 수 없으니 뇌가 초조함을 느끼는 것뿐입니다.

상대의 행동이 예상외일수록 이것을 긍정적으로 인식하기는 쉽지 않습니다. 그렇다고 이것을 부정적으로 본다면 반드시 분노로 발전합니다. 따라서 상대방이 준 것은 일단 감사하게 생각합니다.

이렇게 하면 평소 싫은 소리를 하는 상대도 싫은 소리에 감사를 표하는 당신을 닮아가면서 얼마 후에는 아무 말도 하지 않게 될 것입니다. 무엇보다도 먼저 어떤 태도를 보일지 결정하면 화를 내지 않을 수 있습니다. 이것이 바로 평온하게 살아가는 기술입니다.

무조건
들어준다

    화를 내지 않는 사람은 싫은 소리를 잘 듣지 않는 사람인 경우가 많습니다. 여기서 말하는 화내지 않는 사람은 자신의 분노를 안에 쌓아서 부루퉁한 얼굴을 하는, 이른바 화내지 못하는 사람이 아닙니다. 분노를 발생시키지 않으려고 평소에 조심하며 생활하다 보니 일상에서 화를 낼 요소가 없는 사람입니다.

    화내지 않는 사람은 대부분 잘 들어주는 사람입니다. 항상 웃으며 상대방의 말을 중간에 끊지 않을뿐더러 비판도 비평도 하지 않습니다. "그렇구나", "그건 다행이네" 혹은 "아이고 힘들었겠구나" 하면서 상대의 말을 그대로 긍정적으로 받아들입니다.

이런 사람에 대해서는 아무도 공격적인 태도를 보이지 않습니다. 받아주는 사람에 대해서는 자신을 가볍게 드러낼 수 있어서 함께 있으면 안심할 수 있기 때문입니다. 이 경우 뇌는 스트레스가 없는 상태이므로 잘 들어주는 사람 곁에서는 위축되지 않고 누구나 자신을 표현할 수 있습니다.

1장(43쪽)에서 '듣는 귀'를 가진 사람 가운데 성공한 경영자가 많다고 했습니다. 이들이 사람들에게서 신뢰를 받는 데는 이런 이유가 숨어 있는 것 같습니다. 의사소통이라고 하면 말하는 것에 집중하기 쉬운데, 사실은 상대의 말을 들을 수 있는 귀가 있어야 믿음이 쌓이고 서로를 배려하는 선순환이 일어납니다.

듣는 귀가 약하다고 생각하는 사람은 어쨌든 상대방 이야기를 집중해서 듣는 자세를 가지는 것이 좋습니다. 상대방이 하는 말을 정확하게 이해하고, 불안할 때는 이메일이나 편지 등 문자 형태로 상대방에게 확인합니다. 서로 이해가 어긋나면 분노를 낳는 원인이 됩니다. 이런 우려를 없애는 것이 신뢰의 주춧돌이 되고 두 사람 사이에서 분노를 지워갑니다.

어깨 결림을 없애고
뇌의 용량을 늘린다

　분노를 조절하려면 만성적인 스트레스도 줄여야 합니다. 누구나 경험이 있다고 생각하지만, 사람은 피곤할 때나 만성적인 스트레스를 안고 있을 때 평소보다 훨씬 많이 화를 냅니다.

　제 아버지는 몇 년 전까지 요통을 앓았는데, 통증이 심할 때는 가족이나 다른 사람의 사소한 행동에도 신경을 곤두세우고 상당히 짜증을 냈습니다. 건강할 때는 전혀 그렇지 않았는데 말입니다. 나중에 생각하니 화낼 필요가 없는 일에 화가 났던 것 같습니다.

　수술로 요통을 치료한 후에는 그런 일이 없어졌습니다. 즉 만성 스트레스가 있으면 분노를 일으키는 자극량의 최소치가 떨어져 사소한 일에도 화를 쉽게 내는 것입니다.

어깨 결림이 심하거나 요통을 안고 있는 등 몸에 만성적인 문제가 있으면 사고계 뇌번지는 통증을 의식하는 것으로 가득 차 버립니다. 이럴 때 성가신 일을 지시받으면 조금씩 화가 치밀어 오릅니다. 이미 가득 찬 사고계 뇌번지에 추가로 부하를 걸었기 때문입니다.

사고계 뇌번지에는 원래 여러 가지 일을 동시에 해내는 역할이 갖추어져 있지만, 몸이 긴장하거나 몸 상태가 평소보다 나쁘면 강한 초조감을 불러일으킵니다. 몸의 긴장과 뇌의 긴장은 밀접하게 관계되어 있습니다. 하루를 마무리하면서 욕실에서 천천히 온몸을 마사지하고 긴장을 풀면 뇌 회복에도 매우 좋습니다.

책상 앞에 앉아서 일하는 사람은 척추 주변 근육이 뭉쳐서 무의식적으로 운동계 뇌번지가 사용되고 있는 상태입니다. 이런 사람은 가벼운 체조로 온몸 근육을 풀어주면 사용할 수 있는 뇌 용량이 늘어납니다.

몸의 긴장만이 아니라 마음의 긴장도 당연히 뇌의 긴장에 영향을 미칩니다. 아침에 출근하기 전 부부싸움을 하거나 자녀와 말다툼이 많은 사람은 직장에서 좋은 생각을 하려고 해도 집중하기가 어렵습니다. 이때는 무엇보다 먼저 집안의 갈등을 해소하려고 노력해야 합니다.

쉴 수 있을 때 제대로 쉬고, 몸을 관리하고, 가정을 평온하게 유지하는 등 가능한 한 스트레스 요인을 줄이는 것이 자신만이 아니라 주변 사람을 지키는 일과도 이어집니다.

때로는 진찰도
필요하다

이 장에서 소개한 몇 가지 습관을 익히면 당신은 확실히 화내지 않는 사람으로 변할 수 있습니다. 하지만 습관으로는 바꿀 수 없는 것도 있습니다. 질병 등 몸에 물리적 문제가 있는 경우입니다. 화를 잘 내는 뇌 질환으로는 뇌전증, 뇌경색, 뇌종양, 치매 등이 있습니다. 왠지 자꾸만 짜증이 난다고 느끼거나 다른 사람에게서 "왜 그렇게 화를 잘 내니?"라는 지적을 받았다면 뇌진단 클리닉 등에서 진찰을 받아보는 것이 좋습니다.

치매의 일종인 알츠하이머병은 평상시 늘 화가 나 있는 사람이 갑자기 온화해지는 감정 변화가 있을 수 있습니다. 이는 병이 나은 것이 아니라 분노를 느끼던 뇌 부분의 병이 더 진행되어 오히려 나빠졌을 확률이 높습니다. 이것은 본인보다 주변 사람들이 더 잘 알 수 있으므로 "욕쟁이 할머니가 요즘은 순해졌네"와 같은 말을 들으면, 그대로 두지 말고 바로 진찰을 받아야 합니다.

이 정도는 아니지만 뇌가 노화해 화를 잘 내는 사람도 있습니다. '폭주노인'과 '감정실금'이 그 대표입니다. 폭주노인은 감정이 폭발해 범죄를 저지르는 노인을 가리키는 신조어(2000년대 중반 일본 사회에 노인 범죄가 폭증하며 만들어짐-옮긴이)입니다.

감정실금은 울음이나 웃음 같은 감정표현이 자기 의사나 주변 분위기와 상관없이 터져 나오는 신경증입니다. 이런 질병은 뇌혈관 장애로 일어나는 일이 많으므로 평소 동맥경화를 예방하는 식생활을 하는 등 주의가 필요합니다.

과민성 증상도 있습니다. 자극에 대해 비정상적으로 과도하게 반응하는 것입니다. 특히 화를 잘 내는 성급한 성격을 '이노성異怒性, irritability'이라고도 합니다. 조울증 환자 등은 반론을 받으면 열화와 같이 화를 내는 경우가 많은데, 이것이 과민성 혹은 이노성입니다. 이런 증상은 앞서 언급한 치매나 알코올 의존증·약물 의존증·조현병 등 정신질환을 앓는 사람에서도 잘 나타납니다.

이밖에 쓸데없이 화만 내는 사람 혹은 때때로 심상치 않게 화풀이하는 사람이 가까이 있다면 발달장애의 일종인 주의력결핍 과잉행동장애ADHD의 소인이 의심되므로 반드시 전문의와 상담해야 합니다.

ADHD인 사람은 '정리를 잘하지 못한다', '약속시간에 자주 늦는다', '흥미가 수시로 바뀐다', '집중력이 자주 끊어진다' 등의 특징도 함께 가지고 있습니다. 이런 증상을 발견했다면 반드시 진료를 받으라고 해야 합니다.

분노를 억제할 수 없는 주의력결핍증ADD, ADHD인 사람들은 칭찬을 들으면 분노가 가라앉기도 합니다. 화를 잘 내는 사람을 향해 공격적인 반론을 하면 불에 기름을 붓는 셈이 되므로 부드러운 말로 의견 차이를 설명하는 것도 효과적입니다. 아무도 24시간 내내 화를 내지는 않으니 상대를 잘 관찰해서 화를 잘 내지 않는 시간대나 화를 내지 않는 버릇을 살피고 대응해야 합니다.

화내지 않아도 될 때,
화내야 할 때

화는 당신이 지금까지 소중히 여겨온 인간관계를 망가뜨리고 뇌의 효율을 떨어뜨려 하지 않을 수 있는 실수를 하게 합니다. 마음에 두면 무엇 하나 좋은 게 없는 것이 바로 '화'입니다.

하지만 꼭 화를 내야 할 때도 있습니다. 이것이 누군가를 구하는 일로 이어질 때입니다. 예를 들어, 의료 현장에 종사하는 사람들은 사소한 일에도 화를 내는 경향이 있습니다. 작은 실수가 의료 사고로 이어져 환자의 삶을 크게 해칠 우려가 있기 때문입니다.

경험이 부족한 의사나 간호사의 손이 불안할 때는 고함을 지르지 않을 수 없습니다. 의사나 간호사의 행동에 제동을 걸지 않으면 환자가 위험해질 수 있고, 또 의사나 간호사의 경력에도 문제가 생깁니다.

자기 자신의 미래를 위해 화를 낼 수밖에 없는 경우도 있습니다. 세상에 도움이 되는 프로젝트를 실현하려고 융통성 없는 상급자에게 호소해야 한다거나, 아무리 생각해도 불합리한 상대에게 괴롭힘을 당하는 경우 등입니다. 전자는 야심으로 이어지고 후자는 현 상황을 좋은 방향으로 바꾸는 동기가 됩니다. 이럴 때는 화를 억누르는 것이 아니라 오히려 제대로 내야 합니다.

화를 내지 않아도 될 때도 있지만 화를 내야 할 때도 있으니 이를 명확하게 구분해서 판단해야 합니다.

화낼 때는 손해와
이익을 생각한다

어떻게 화내지 않아도 될 때와 화내야 할 때를 구분할까요. 핵심은 손익계산을 생각하는 것입니다. 우리는 짜증이 나면 앞뒤 가리지 않고 감정적으로 화를 냅니다. 그 결과 인간관계가 깨지고 엄청난 시간을 낭비하게 되며 하던 일을 망치기도 합니다. 이제까지 투자한 것을 헛되게 합니다. 요컨대 손해를 보는 것입니다. 손해만 보는 것이니 이럴 때는 화를 낼 필요가 없습니다.

한편, 화를 내야 할 때는 앞서 말했듯이 화를 내는 것이 자신이나 누군가를 지키는 일로 이어질 때입니다. 지금 여기서 불합리한 부모나 상사에게 맞서야 한다고 분발해서 행동하는 것은 자신을 지키는 일과 연결됩니다. 따라서 이때는 꼭 화를 내야 합니다.

"지금 여기서 엄하게 꾸짖으면 부하 직원은 결코 실패하지 않을 것이다." 이렇게 생각하면서 화를 내는 것은 결국 부하에게 이득이 됩니다. 이런 경우도 꼭 화를 내야 합니다. 다만, 다른 사람을 상대할 때는 일부러 소리를 지를 필요가 없습니다. 타이르는 정도, 가르치는 정도가 좋습니다.

화를 내는 것과 가르치는 것은 비슷해 보이기도 하지만 사실은 전혀 다릅니다. 그 차이는 화는 객관적 비전이 없고 자기중심적이지만 가르침에는 객관적 비전이 있다는 것입니다.

비전이 명확한
가르침에 바탕을 둔 고함

　가르침을 정말 잘하는 분이 있습니다. 앞서 잠깐 소개한 이무라 마사요 싱크로나이즈드 스위밍 코치입니다. 그녀는 2016년 리우데자네이루 올림픽에서 싱크로나이즈드 스위밍 국가대표팀 감독으로 일본 대표팀을 동메달로 이끌었습니다. 저는 이무라 싱크로클럽에서 '물속에서 뇌를 효율적으로 사용하는 방법'을 강의하면서 이무라 코치와 인연을 맺었습니다.

　그녀에게는 메달을 따려면 어떤 '연기'가 필요한지 확실히 보인다고 합니다. 메달을 따기에는 다리를 올리는 각도가 10도 부족하다거나 수면에서 5센티미터 뛰어오를 수 있는 점프력이 부족하다는 등 최종적으로 지향하는 목표를 잘 알고 있다고 합니다. 그녀는 선수들에게 심하게 고함을 지르는 것으로 유명하지만 그 고함은 선수들을 최종 목표로 이끄는 가르침이라고 할 수 있습니다.

화와 가르침은 언뜻 같은 것처럼 보이지만 엄연히 다릅니다. 가르침에는 그 사람이 행복해지는 목표로 인도하는 객관적 비전이 있습니다. 이것을 확실히 구별해서 화를 억제하고 필요할 때는 가르침을 바탕에 둔 고함을 쳐야 합니다. 이는 교훈입니다. 이것이 가능하면 화내는 기술을 익혔다고 할 수 있습니다.

6장

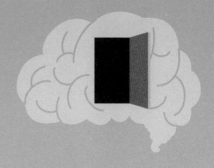

뇌의 가지를 뻗어
분노 회로를 초기화한다

화내는 습관을 없애면
새로운 재능이 꽃핀다

이 책 프롤로그에서 화내는 사람의 뇌에서는 가지가 자라지 않는다고 했습니다. 뇌 속의 신경세포를 서로 연결하는 가지는 '됐다!'고 하는 순간 뻗기 시작합니다. 분노는 '감당할 수 없다!'는 뇌의 비명입니다.

분노를 분노인 채 처리할 수 없는 것으로 내버려두면 '됐다!'는 순간은 영원히 오지 않아 뇌의 가지가 자라지 않습니다. 따라서 늘 화를 내는 사람은 뇌의 성장을 포기한 것과 같습니다. 이를 반대로 말하면, 분노를 조절할 수 있게 되면 뇌를 성장시켜 새로운 재능을 키우게 된다고 할 수 있습니다.

여기서 주의해야 할 것은 세상에는 알게 모르게 뇌에 분노 습관이 든 사람이 있다는 사실입니다. 예컨대, 텔레비전을 볼 때 저 사람은 안 되겠다면서 출연자에게 불평을 말하는 사람, 손님이 왕이라면서 사소한 일로 가게나 기업에 클레임을 거는 사람, 기차가 조금 늦게 도착했다고 역무원에게 시비를 거는 사람, 행정 기관·의료기관·교육기관 등의 공공 서비스를 마구 비난하는 사람, 다른 사람의 블로그나 SNS에 과잉 반응하고 악플을 다는 사람….

가족이나 동료와 의견이 다를 뿐인데 신경질을 내며 호통을 치거나 물건을 마구 던지는 사람도 있습니다. 이렇게 사소한 일로 불평하거나 화내는 사람의 뇌에는 분노 습관이 생겼을 가능성이 있습니다. 분노 습관의 문제는 습관인 만큼 스스로 깨닫지 못해서 화를 내는 자신을 바로잡을 기회가 없다는 것입니다.

밥을 소리 내면서 허겁지겁 먹는 사람이 있습니다. 이런 버릇이 있다는 사실을 스스로 깨닫기는 어렵고 다른 사람에게서 지적을 받은 뒤에야 깨닫는 경우가 많습니다. 깨달으면 개선할 수 있지만 깨닫지 못하면 고칠 기회를 얻지 못합니다.

이와 마찬가지로 분노 습관을 안고 있는 사람은 자신의 대인 처리 능력에 문제가 있다는 사실을 조금은 알고 있어도 다른 사람으로부터 화를 잘 낸다는 지적을 받지 않는 한 자기 태도를 재검토할 생각도 하지 못합니다. 따라서 주변 사람들과 다툼이 끊이지 않고 집단에서 고립되는 일이 종종 있습니다.

그렇지만 자각을 하면 이야기가 달라집니다. 분노에 중독된 사람이라도 분노를 조절해서 뇌를 성장시키면 새로운 재능을 키울 수 있습니다. 여기에서는 내부의 분노 회로를 초기화하는 동시에 뇌의 가지를 늘려 당신의 능력을 성장시키는 방법을 소개하겠습니다.

특정 뇌의 가지가 굵어지면
화를 잘 낸다

정신을 차리고 보니 혼잣말로 누군가를 욕하고 있거나, 무슨 일이 있으면 바로 기업이나 공공기관에 클레임을 걸거나, '나는 왜 이렇게 못났지' 하며 자책하는 일이 자주 있다면 뇌에 분노 회로가 있을 가능성을 의심해야 합니다.

뇌 내부의 신경회로는 그 사람이 살아온 경험에 따라 성장합니다. 책상에서만 일하는 사람은 주로 사고계 뇌번지의 신경회로가 발달하고, 말하는 일을 하는 아나운서 등은 전달계 뇌번지의 신경회로가 발달합니다. 육체를 사용하는 일을 하는 사람은 운동계 뇌번지, 영상과 관계있는 일에 종사하는 사람은 시각계 뇌번지의 신경회로가 발달합니다.

그런데 각각의 뇌번지는 혼자 일하는 것이 아니라 서로 연결되어 있습니다. 책상에서 일하는 사람은 사고계 뇌번지를 주로 사용하지만, 자료나 PC 화면을 체크할 때는 시각계 뇌번지를, 회의에서는 청각계 뇌번지나 전달계 뇌번지를 사용합니다. 이와 같이 다양한 뇌 신경세포를 결합해서 사용합니다.

무엇인가를 경험하고 '알았다!' '됐다!'가 되면 각각의 뇌번지의 뇌 신경세포를 서로 연결하는 가지가 완성됩니다. 그리고 같은 경험을 거듭할수록 그 가지는 점점 굵어집니다. 수련을 계속하면 무슨 일이든 원활하게 할 수 있는데, 이것은 완성된 가지가 경험을 거듭하면서 굵어졌기 때문입니다.

분노 회로도 마찬가지로 이뤄집니다. 특정한 언행이나 사고를 반복해서 그 부분의 가지가 굵어진 결과 화를 잘 내는 회로가 완성된 것입니다. 또는 뇌의 특성상 다른 사람의 분노를 보는 것만으로도 뇌 내부에 분노 회로가 복사되는 경우가 있습니다.

다음에 분노 회로가 형성되는 다섯 가지 패턴을 정리했습니다. 자기에게 해당하는 항목이 있는지 체크해 보기 바랍니다.

수시로 화내는 사람이 주변에 있다

가정이든 직장이든 당신이 긴 시간을 보내는 장소에 화를 잘 내는 사람이 있으면, 그 사람이 가지고 있는 뇌의 분노 회로를 당신 뇌가 복사해 버리는 일이 있습니다. 이것은 뇌가 자주 접하는 현상을 잘 기억하기 때문입니다. 또 기억한 것은 의식에 잘 표출되고, 뇌는 의식에 표출된 것을 친근하게 느낍니다. 친근하게 느끼면 뇌가 그 대상을 더욱 모방합니다.

이런 것들을 반복하면서 뇌는 계속 성장합니다. 따라서 주변에 수시로 화내는 사람이 있으면 뇌가 친근감을 느끼면서 분노를 모방하게 됩니다.

뇌에 대해 조금 더 설명하겠습니다. 우리가 새로운 것을 깨닫거나 발견하려면 기억 정보가 서로 다른 두 개 이상 뇌 영역의 신경세포끼리 새로운 뇌 내부 네트워크인 가지를 연결해야 합니다. 가지는 어느 방향으로 어떻게 뻗어 나갈지 경로를 찾기가 어려운데 본보기가 있으면 비교적 쉽게 이것이 가능합니다.

이를테면 눈앞 풍경을 그림 한 장으로 완성하기는 힘들지만 누군가 스케치한 것을 보고 따라 그리기는 비교적 쉽습니다. 또는 보고서를 처음부터 작성하기는 힘들지만 누군가 이전에 만든 샘플이 있으면 비교적 편하게 완성할 수 있습니다.

분노에 관해서도 같은 말을 할 수 있습니다. 누군가 화내는 모습을 보면 뇌는 그 분노의 모양을 기억합니다. 사람이 분노를 드러내는 모양은 여러 가지입니다. 투덜투덜 불만을 말하거나, 상대를 비난하거나, '짜증 나 죽겠네. 이 바보야, 죽어버려' 하면서 소리 지르거나, 벽이나 책상을 치면서 욕하거나 무시하는 것 등입니다.

주변에 화를 잘 내는 사람이 있고 이것을 자주 본다면, 뇌가 이를 배워서 그대로 따라 하게 됩니다.

어른이 되어 정신을 차려 보니, 자신도 부모와 똑같은 모양으로 화를 내고 있다는 사람이 적지 않습니다. 어떤 집에서는 이제까지 싸울 때 고함을 질렀는데, 어느 날 아버지가 화내면서 물건을 던진 이후 아이들도 화를 낼 때는 물건을 던진다고 합니다. 이 정도까지는 허용된다는 기억이 아이들 뇌에 회로로 새겨진 것입니다.

투덜대는 사람을 보면 뇌는 그 방법을 기억하고, 누군가를 욕하는 사람을 보면 역시 그 모양을 따라 합니다. 이렇게 가정이나 학교, 직장 등 오랜 시간을 함께하는 사람 중에 화를 잘 내는 사람이 있으면, 우리 뇌는 알게 모르게 그 사람의 분노 회로를 복사해 버립니다.

일방적으로 단정 짓는 버릇이 있다

어떤 일이든 일방적으로 단정 짓는 버릇이 있는 사람의 뇌도 화를 잘 내는 뇌 상태입니다. 미리 결정한 대로 일이 진행되지 않으면 뇌가 패닉을 일으켜 '감당할 수 없다!'는 상태가 되기 때문입니다.

예를 들어 '메일의 답은 즉시 해야 한다', '맞벌이 가정이라면 남편도 집안일을 돕는 게 당연하다', '이 정도 노력하면 칭찬을 받을 것이다' 등 '당연히 ~할 것이다', '당연히 ~해야 한다'고 굳게 믿는 사람의 기대는 대체로 어긋납니다. 다른 사람이 자기 기대대로 움직이는 일은 드물기 때문입니다.

혹은 '우울증은 배가 불러서 생기는 병이다', '여자란 원래 그런 거다' 등 일부 사람을 보고 전체를 결정짓는 사람도 화를 잘 내는 유형입니다. 대개 그렇지 않다고 반론을 하면 그 반론 때문에 패닉에 빠지기 때문입니다. '너는 B형이니까', '그 녀석은 신세대이니까' 하면서 모든 일을 단정 짓는 사람도 주의가 필요합니다.

이와 같이 모든 일을 일방적으로 규정짓는 사람은 '나와 당신의 가치관은 다르다', '나는 나, 너는 너'라는 사고 회로가 확립되어 있지 않습니다. 자신과 다른 사람을 구분해서 생각하는 회로가 없는 사람은 화를 잘 내는 뇌 구조를 가지고 있는 사람이라고 할 수 있습니다.

완벽주의자는 지기 싫어한다

세상 사람들이 긍정적 이미지를 가지는 완벽주의자나 지기 싫어하는 사람도 화를 잘 내는 버릇이 있습니다. 자신이 상상하는 이상적 모양에 접근하지 못하면, 그것만으로 뇌가 패닉에 빠지기 때문입니다.

완벽주의자나 지기 싫어하는 사람의 뇌에는 비교하는 버릇이 있습니다. 뇌는 사물을 파악하고자 모든 것을 비교하고 싶어 하는데, 특히 이런 사람은 항상 자신을 상급 수준과 비교하려고 합니다.

심리학의 세계에는 '상방 비교'와 '하방 비교'라는 개념이 있습니다. 상방 비교는 자신보다 나은 것과 비교하는 것이고, 하향 비교는 자신보다 열등한 것과 비교하는 것입니다. 전자는 '저 사람은 훌륭하다', '일을 참 잘한다'는 자기보다 뛰어난 존재에 주목하고, 후자는 '저놈은 못난 놈이다', '일을 잘 못한다'는 자기보다 떨어지는 사람에게 주목합니다.

상방 비교를 하는 것은 자신을 성장시키려면 필요한 일이라고 생각합니다. 그러나 지나치게 상방 비교를 하면 '저 사람은 저렇게 잘하는데 나는 왜 안 될까'라고 우울해질 수 있습니다.

이때 순순히 패배를 인정하고 정진하면 좋겠지만, 사람에 따라서는 '저놈은 별 볼일이 없었어. 운이 좋았을 뿐이야'라고 시비를 거는 것으로 마음을 안정하거나 반대로 '나는 뭘 해도 안 돼'라면서 책망하고 우울해합니다.

다른 사람에게 시비 거는 것도, 자신을 탓하는 것도 분노의 한 형태입니다. 이렇게 수시로 뛰어난 사람과 비교하는 사람 또는 자신이 우위에 있다고 믿는 사람도 화를 잘 내는 회로를 가지고 있다고 할 수 있습니다.

시험공부에 몰두했었다

학창시절 시험 공부에 많은 시간을 들인 사람도 화를 잘 내는 뇌 네트워크를 강하게 구축하고 있습니다. 국가고시나 대학입시 등을 통과하려면 언어에 따른 기억을 주로 하는 공부를 해야 합니다. 그 결과 지식 의존형 정보를 처리하는 기억계 뇌번지의 가지만 비정상적으로 발달했습니다.

그런데 실제로 사회에 나오면 의사소통 능력 등이 요구되는 자리가 많습니다. 이제까지 단련해 온 기억계 뇌번지보다 전달계 뇌번지를 사용해야 하는 일이 많아지는 것입니다.

공부만 했던 사람은 오랜 세월에 걸쳐 성장시킨 기억계 뇌번지의 가지를 이용해 생각하는 버릇이 좀처럼 없어지지 않습니다. 따라서 무엇을 하든 기억계 뇌번지에 새겨져 있는 지식을 우선합니다.

상식이나 권위를 우선하게 되고, 거기에서 벗어난 것은 '비상식적이다', '그쪽이 나쁘다'라고 판단합니다.

지식이 많으면 많을수록 일반사회 사람들의 언행에 대해 잘못

됐다고 느낄 수 있습니다. 사람들은 다양한 생각을 할 수 있다고 마음을 바꾸면 되는데, 자기 생각이 세상의 유일한 상식이라고 믿으면 점점 더 비판적인 어조가 됩니다. 그래서 소통이 어려워지고 점차 내향적으로 변해서 마음을 닫아버리거나 반대로 공격적인 사람이 되는 경향을 볼 수 있습니다.

뇌 구조와 생활습관 때문에 자폐 성향이 있다

최근에는 IT 발달에 따른 자폐화도 진행되고 있습니다. 우뇌는 비언어나 세상의 가치관을 처리하는 영역이고 좌뇌는 언어를 처리해서 개인을 우선하는 영역입니다. 지금 사람들은 이메일이나 SNS 등 문자로 소통하는 비율이 점점 높아지면서 좌뇌가 극단적으로 강화되는 상황에 놓여 있습니다. 개인을 우선하는 경향이 강해지고 있다는 것입니다. 이른바 자폐화입니다.

이렇게 되면 자기중심적으로 행동하고 대인 교섭을 하지 못하는 특징이 있습니다. 동시에 PC나 스마트폰만 보고 주변을 넓게 살피지 않아서 시야가 좁아지기도 합니다. 자신만의 세계에 틀어박혀 밖으로부터 자극을 받지 않는다는 것입니다. 이것도 자폐화 현상입니다.

사람들과 거의 만나지 않고 대화를 하지 않는 생활을 즐기는 사람도 마찬가지입니다. 시험 공부에 많은 시간을 소비해 온 사람처럼 뇌의 특정 부위만 단련된 사람 역시 지식 이외의 정보를 잘 받아들이지 못하는 자폐화 경향이 있습니다.

결국 분노는 뇌 내부에 이미 존재하는 특정 회로만 이용해서 모든 일을 처리하려고 한 결과 이를 감당하지 못하고 패닉에 빠져 분출하게 되는 것입니다.

여기까지 읽고 내 뇌에는 분노 습관이 있는 것 같다고 느낀 사람은 다음에 소개하는 분노 회로 초기화 방법을 시도해 보시기 바랍니다.

분노 회로 초기화 방법
5가지

분노 회로를 초기화하려면 뇌 내부에 지금까지는 존재하지 않았던 새로운 가지를 만들어야 합니다. 그래야만 분노의 원인이 되는 불안, 이른바 '감당할 수 없다!'는 사태에 대한 대처법을 찾을 수 있습니다.

참고로 뇌 트레이닝이 붐을 일으키면서 뇌의 일부만 단련하는 방식이 유행했습니다. 이를테면 숫자 계산만 한다거나 퍼즐을 풀기만 하는 뇌 훈련법입니다. 그런데 이것은 뇌의 자폐화로 이어지는 행위라서 우려되는 면이 있습니다. 특수한 능력을 늘리기 위해 뇌 영역의 일부를 극단적으로 단련하는 것은 (가지고 있는 기술을 연마한다는 중요한 의미가 있지만) 뇌 안에 이미 존재하는 가지를 더 굵게 할 뿐 새로운 가지를 늘리지는 못합니다.

분노를 조절하려면, 이른바 자폐화에서 벗어나려면 익숙한 것을 반복해서 이미 존재하는 가지를 단련할 것이 아니라 지금까지와 다른 경험을 해서 뇌 속에 새로운 가지를 만들어야 합니다.

스마트폰, 게임 등 IT기기에 의존해서 혼자 보내는 시간이 압도적으로 많아졌는데, 이것이 다른 사람이나 자연환경에 관심을 두기 어려운 뇌의 습관을 만듭니다. 이런 습관 때문에 자폐적 행위에서 비자폐적 행위로 전환해야 할 때는 귀찮고 짜증이 납니다. 따라서 화를 내지 않으려면 이 자폐의 시간을 줄여야 합니다.

분노 회로를 초기화하는, 이른바 뇌 내부에 새로운 가지를 만드는 방법 5가지를 소개하겠습니다. 당신이 할 수 있는 방법만 선택해도 됩니다. 이것을 한 달만 지속하십시오. 의식적으로 뇌 속에 새로운 가지를 만들겠다고 노력하면 분노 습관은 조금씩 없어질 것입니다.

화내지 않는 사람 중 특별히 존경하는 사람 곁으로 간다

뇌에는 흉내 내는 습성이 있어서 화를 잘 내는 사람이 가까이에 있으면 그를 따라 화를 냅니다. 이 말은 화를 잘 내지 않는 온화한 사람이 곁에 있으면 화를 내지 않는 사람이 된다는 것입니다.

요란한 퍼포먼스가 따르는 분노는 눈에 잘 띄지만 온화함은 조용하고 소극적이기 때문에 의식하지 않으면 찾을 수 없습니다. 당신이 알고 있는 온화한 사람 중 특히 존경하는 사람 곁으로 다가갑니다. 존경하는 사람에 대해서는 그의 일거수일투족에 관심이 가는 법입니다.

'보통 사람이라면 여기서 화낼 텐데 이 사람은 화내지 않는다', '그렇구나. 이 사람은 화난 사람에게 이렇게 반응하는구나' 등 그의 행동이 자연스럽게 눈에 들어오므로 평온하게 지낼 수 있는 포인트를 찾을 수 있습니다.

존경하는 사람이란 자신의 이상적인 삶의 방식을 구현하는 사람입니다. 이상으로 여기는 삶의 모델을 실제로 봄으로써 뇌는 이런 삶을 닮아갈 가지를 만듭니다. 존경하는 사람은 일을 잘하는 상사일 수도 있고, 더 가까운 친구나 친척일 수도 있습니다.

먼저 당신이 따라 하고 싶은 사고 회로를 갖춘 사람에게 다가갑니다. 그리고 노력하시기 바랍니다.

다른 사람에게서 존경할 점을 3가지 찾는다

어떤 사람에게도 존경할 점이 있습니다. 이를테면 저는 악기를 잘 다루지 못합니다. 그래서 악기를 연주할 줄 아는 사람을 무조건 존경합니다. 이야기를 나누면서 '무슨 말을 하는 거야. 짜증나는 녀석이군'이라고 생각되는 사람이라도 '그러고 보니 이 사람은 플루트를 잘 불었지'라는 기억을 떠올리면 신기하게도 짜증이 가라앉습니다.

사람은 자신과 동등한 수준이라고 느끼는 상대에게 화를 잘 냅니다. 이런 상대에게는 자기 기준을 적용할 수 있다고 생각하기 때문인데, 실제로는 그렇지 않습니다. 자신의 기준을 가지고 상대에게 무언가를 부탁하면 대개 생각이 빗나갑니다. 상대는 나와 기준이 달라서 생각처럼 움직이지 않는데, 여기서 분노를 느끼게 됩니다.

그런데 상대에게 존경할 부분이 있으면, 상대와 나는 대등하지 않다고 느낍니다. 상대의 수준이 높으므로 자기 기준으로 상대방 언행을 비판하지 않게 되는 것입니다.

존경할 수 있는 포인트가 하나라면 나와 수준이 다르다고까지는 생각하기 어렵습니다. 그러니 3가지 정도 찾아두면 좋습니다. 존경할 수 있다면 어떤 것이든 가능합니다. 게임이나 만화를 잘 안다, 맛있는 가게를 많이 알고 있다, 무슨 말을 들어도 싫은 내색을 하지 않는다, 맛있는 커피를 내릴 수 있다 등 어떤 작은 것이라도 상관이 없습니다. 평소 사람들에 대해 자신보다 나은 점을 3가지 이상 찾는 습관을 길러두면 화를 잘 내지 않는 뇌를 만들 수 있습니다.

참고로 연애 초기에는 서로 소중히 해야 할 좋은 점만 보입니다. 그런데 교제가 길어지거나 결혼을 하면, 상대를 자신과 동등한 존재라고 인식하면서 상대의 좋은 점도 당연한 것으로 여기게 되어 상대가 분노를 잘 느끼는 대상이 됩니다. 따라서 우리는 상대방의 존경할 수 있는 면을 끊임없이 찾아야 합니다. 동시에 자신도 상대방으로부터 존경받을 수 있는 생활을 유지해야 합니다. 그래야 서로 화내지 않는 관계를 지속할 수 있습니다.

이런 일을 계속 이어간다는 것은 쉽지 않지만 적어도 이런 사실을 의식하면서 사는 것이 중요하다고 생각합니다.

명령이 아니라 부탁을 한다

화난 사람이 내뱉는 폭언은 명령인 경우가 많습니다. 분노는 감당할 수 없다는 뇌의 패닉으로 시작됩니다. 패닉에 빠지면 스스로 대처할 수 없는 불안을 남에게 던져서 해결하려고 하기에 필연적으로 상대에게 자기 요구를 들이대는 명령의 폭언을 합니다.

> "조용히 해."
> "잔소리 말고 내 말대로 해!"
> "설거지 좀 하라고 했잖아."
> "내 말을 이해하라고!"

이런 명령투 말을 부탁으로 바꾸면 머릿속에 화내지 않는 회로를 자연히 만들 수 있습니다. "이것을 해", "왜 하지 않는 거야"가 아니라 "해주면 좋겠어"라고 하는 것입니다. 앞에서 제시한 명령을 다음과 같이 바꾸어 봅니다.

"조용히 해주시면 좋겠습니다."

"말씀드린 대로 해주시면 좋겠습니다."

"설거지를 해주시면 좋겠습니다."

"이해해 주시면 좋겠습니다."

부탁에는 '그렇게 해주면 나는 기쁘겠지만 당신 사정은 어떠한지요?'라는, 상대방 처지를 고려하는 느낌이 있습니다. 이렇게 하면 자기 의견을 강요하는 것이 아니므로 상대는 불쾌하지 않습니다. 부탁하는 쪽 역시 내 처지와 상대방 처지는 다르다는 의식을 서서히 가지게 됩니다. 명령과 부탁을 혼동하지 않는 뇌의 사고 회로를 만드는 것으로 분노 회로의 초기화가 가능해집니다.

주로 쓰는 손과 반대쪽 손을 사용해
뇌의 가지를 늘린다

뇌 내부에 지금까지와는 다른 경로의 가지를 뻗어야만 사물을 객관적으로 보고 화를 잘 내지 않는 뇌를 만들 수 있습니다. 분노와 관계없는 행동 중에도 분노 회로를 초기화할 수 있는 행위가 많습니다. 그렇다고 특별히 어려운 일을 해야 할 필요는 없습니다. 어떤 일정한 동작을 할 때만, 주로 쓰는 손과 반대쪽 손을 사용하는 것만으로도 분노 회로가 초기화됩니다.

실제로 최근의 한 연구에서, 2주간 주로 쓰는 손과 반대쪽 손을 의식적으로 사용했더니 분노가 잘 조절되었다는 결과를 얻었습니다. 뉴사우스웨일스대학교의 토머스 덴슨 박사가 심리과학지 『커런트 디렉션스』에 발표한 내용입니다.

뇌 스캔으로 분노와 관련된 부위의 활동이 유난히 활발한 사람들을 선발해서 2주 동안 주로 쓰는 손과 반대되는 손을 의식적으로 사용하게 했더니, 자제심을 관장하는 뇌 부위의 기능이 촉진돼 공격성이 떨어졌다는 것입니다. 이는 평소와 다른 경험을 해서 불편함을 느끼는 것으로, 새로운 가지가 뇌 안에 생긴 결과라고 볼 수 있습니다.

이미 습관화된 행동, 이를테면 운동선수가 운동한다거나 수험생이 공부한다거나 오른손잡이가 오른손을 사용하는 것은 이미 완성되어 있는 뇌의 가지를 사용해서 수행하는 것입니다. 게다가 반복하는 것으로 뇌의 '가지'는 굵어지고 습관이 되면 더욱 쉬워집니다.

반대로 평소에 하지 않는 행동은 뇌 내부에 가지가 없거나 있어도 가늘고 빈약합니다. 그러므로 고생해서 새로운 가지를 늘리고 굵게 만들면, 지금까지와는 다른 뇌 회로를 얻을 수 있고 동시에 화를 잘 내지 않게 됩니다.

앞의 연구에 따르면, 주로 쓰는 손과 반대쪽 손으로 글자를 쓴다든가 젓가락질을 하는 등 어려운 일을 할 필요는 없습니다. 스마트폰을 조작하는 손이나 PC의 마우스를 만지는 손을 바꾼다거나 음료를 젓는 손을 바꾸는 등 아주 사소한 것이라도 좋습니다. 가능한 한 자신에게 불편한 것을 찾아서 시도해 보십시오. 뇌는 점점 성장할 것입니다.

새로운 만남을 즐긴다

당신에게 가장 자극을 주고 뇌를 성장시키는 것은 예상밖의 행동을 하는 다른 사람과 접촉하는 것입니다. 익숙한 사람은 어느 정도 상대의 태도를 예상할 수 있기 때문에 그다지 자극이 되지 않습니다.

동아리 모임에 나가거나 여러 사람이 할 수 있는 스포츠에 참여하는 등 가능한 한 새로운 만남을 적극적으로 찾아서 움직여 봅니다. 이것이 뇌 내부에 새로운 가지를 늘려서 화를 잘 내지 않는 뇌로 만듭니다.

새롭게 만나는 사람들에게 대응할 수 있는 유연한 뇌를 가지는 것은 변화가 심한 지금 사회에서 살아남는 중요한 스킬을 가지는 일이기도 합니다. 만난 적이 없는 새로운 사람들을 만나 시간을 공유하는 일이 사람에 따라서는 스트레스가 됩니다. 그러나 그렇기에 뇌 속에 새로운 가지를 키울 수 있습니다.

낯선 다른 사람은 당신 안에도 있습니다. 새로운 일에 도전해서 '나에게 이런 면이 있었구나!', '나에게 이런 개성이 있었구나'

라고 아직 경험하지 못한 자신을 발견하는 것은 당신 안에 존재하는 또 하나의 당신과 만나는 일입니다.

새로운 자신을 만나는 경험이 쌓이면 '오늘은 어떤 일을 할 수 있을까' 하고 매일 아침이 즐거워집니다. 새로운 자신과 만나기를 기대하는 것으로 무의미한 초조함은 사라지고, 이것들은 희망이나 기대감으로 바뀝니다.

뇌에 지금까지 경험하지 못한 다른 불편한 일을 경험하게 하는 것. 이제껏 만나지 못한 누군가를 계속 만나는 것. 이것이 분노하지 않는 뇌 회로를 가지는 중요한 요령입니다.

분노 회로 옆에는
빛나는 잠재력이 숨어 있다

뇌 속에 새로운 가지를 기르는 것은 달리 말하면 객관성을 얻는 것입니다. 사람이 경험한 기억 자체는 기본적으로 변하지 않습니다. 하지만 뇌 속의 가지를 발달시켜 지금까지 연결되지 않았던 뇌번지의 뇌신경세포끼리 이어주면, 과거의 기억을 새로운 측면에서 바라보게 됩니다.

성공한 사업가가 "그때는 정말 힘들었지만 지금 생각하면 그 경험이 좋은 공부가 되어 성공할 수 있었다"라고 하는 것은 다양한 경험을 쌓음으로써 새로운 뇌의 가지를 얻고, 사물을 객관적으로 보게 되었기 때문입니다.

객관성을 얻게 되면 화내는 자신에게 "이게 정말 화를 낼 문제냐"라고 항상 질문하게 됩니다. 가능한 한 주관을 배제하는 습관이 생기고 사물을 사실화해서 파악하게 됩니다. 이른바 감정이 아닌 손익계산으로 그리고 이성적으로 화를 내게 되는 것입니다.

분노를 조절하는 방법을 알게 되면 또 하나 기쁜 일이 있습니다. 뇌를 조사한 결과 흥미로운 사실을 발견했습니다. 그 사람이 싫어하거나 잘하지 못하는 일을 담당하는 뇌번지 근처에는 커다란 잠재력을 지닌 뇌번지가 있다는 사실입니다. 잠재력은 아직 사용하지 않아서 앞으로 성장할 여지가 있는 능력을 말합니다.

원래 분노는 어떤 일을 '감당할 수 없다!'고 느끼는 뇌의 비명입니다. 그 자체를 싫어하거나 잘하지 못할 때 사람은 화를 내는 것입니다. 따라서 분노를 조절하게 된다는 것은 몇 가지 잘하지 못하는 일이나 싫어하는 것을 극복하는 방법이기도 합니다. 뇌를 기준으로 보면 이 일이 유일무이한 재능을 낳는 계기가 됩니다.

사람에게는 그 사람에게 적합한 일과 적합하지 않은 일이 있고 간단하게 할 수 있는 일과 노력해도 좀처럼 할 수 없는 일이 있습니다. 뇌 속으로 눈을 돌려서 이야기해 보겠습니다. 한 사람이 노력해도 좀처럼 잘할 수 없는 것, 즉 그 사람이 싫어하는 것은 그 사람 뇌의 개성입니다. 원래 가지가 잘 자라지 못하는 부분에 해당하는 것입니다.

그렇다고 해도 계속 노력하면 가지를 천천히 뻗을 수 있습니다. 재미있는 사실은 이때 완성되는 가지 모양이 아주 개성 있다는 것입니다. 잘하는 것이나 좋아하는 일은 쉽게 할 수 있어 스트레스가 없습니다. 따라서 가지가 곧게 잘 자랍니다.

이에 비해 싫어하는 일은 가지 끝이 몇 번이고 스트레스에 부딪혀 그때마다 목표하는 곳으로 방향을 바꾸고 구불구불 뻗어가는 이미지를 가집니다. 구불구불한 가지 모양이야말로 그 사람에게만 있는 독특한 것입니다. 쉽게 뻗을 수 있는 가지는 이렇게 자라지 않습니다.

이렇듯 모양이 독특한 가지가 필요할 때 이 사람은 세상에서 아무도 흉내 낼 수 없는 훌륭한 재능을 발휘할 수 있습니다. 고생해서 할 수 있게 된 일이기에 새로운 발견이 있고 깨달음이 있습니다. 세상에서 성공한 사람들에게는 반드시 고생담이 있습니다. 여기에는 다 이런 이유가 있는 것입니다.

온화한 당신이 할 수 있는 일

가볍고 편안한 분위기를 제공하는 사람이 된다

분노는 한번 폭발하면 모든 것을 파괴할지도 모릅니다. 그러나 관점을 바꾸면 분노는 당신이 불편해하는 것이 무엇인지를 가르쳐주며, 유일무이한 잠재력의 존재를 보여줍니다. 이런 사실을 알면 신기하게도 자신이 어떤 것에 분노를 느끼는지 빨리 알고 싶어집니다.

그래서 실제로 분노를 느꼈을 때는 분노를 조절하려는 행위를 적극적으로 찾을 것입니다. 이를테면 나는 '듣는 귀'를 가질 수 없게 된 것이 아닐까, 패닉에 빠져서 사고가 정지된 것은 아닐까, 다른 사람의 분노에 감염된 것은 아닐까 하고 말입니다.

이와 동시에 화가 난 사람을 보는 눈도 달라집니다. 그들은 단지 패닉을 일으킬 뿐 필요 이상으로 두려워할 존재가 아니라는 사실을 압니다. 이런 사실을 이미 알기에 그다지 긴장하지 않고 상대와 마주할 수 있습니다.

제가 이런 것을 잘 알지 못하던 때 이야기입니다. 미국의 연구실에서 연구할 때인데, 연구실 옆에는 주위 사람들에게 두려움의 대상인 상사가 있었습니다.

이스라엘 공군 소속의 프랭크라는 사람인데, 그는 평소 화만 냈습니다. 보통 말을 할 때도 성이 나 있고 꾸짖을 때는 무섭게 큰 소리를 냈습니다. 아무도 프랭크에게 말을 걸지 못했고 부하들은 "완벽하게 무장하지 않고는 회의에도 참석할 수 없다"라고 불만을 털어놓았습니다.

그가 고함을 지르는 것은 아마 군대에서 습관이 되었을 것입니다. 그리고 그를 상대하는 사람의 뇌는 화가 난 프랭크와 같은 상태, 뇌가 패닉이 되어 사물을 잘 생각하지 못하는 상태였을 것으로 추측됩니다. 즉 화를 내는 사람이 가까이에 있으면, 그 주변 사람은 판단 실수를 할 확률이 높습니다.

이제는 이야기를 당신 주변으로 돌려 봅시다. 이 책을 읽은 당신은 분노를 조절하는 방법을 알았을 것입니다. 사람들은 화가 나면 뇌가 잘 작동하지 않는다는 것을 모를뿐더러 다른 사람의 분노가 전염된다는 것도 자각하지 못합니다.

누군가 화를 내면 그 자리의 모든 사람에게 전염되어 직장이나 가정이 험악한 분위기로 바뀝니다. 판단 실수를 하는 사람들도 늘고 부정의 회오리 속에서 벗어나지 못합니다. 이런 곳일수록 화내지 않을 뿐만 아니라 다른 사람 분노에도 감염되지 않는 당신의 존재가 매우 중요합니다.

당신이 화내지 않고 분노를 전염시키지 않는 '방파제'가 된다면 분노가 멈추고 당신이 머무는 곳의 공기는 가벼워질 것입니다. 화를 잘 내지 않는 온화한 사람 주변에는 사람도 정보도 자연스럽게 모여듭니다. 이런 인물 밑에서라면 사람들은 억압받지 않고 본래 능력을 발휘할 수 있습니다.

지킬 것이 있는 사람일수록 온화함을 제공할 수 있습니다. 당

욱하는 성질 잡는 뇌과학

신이 지켜야 할 직장이나 가정의 누군가가 분노에 젖어 마이너스의 회오리에 빠질 것 같으면, 온화한 당신이 제동을 걸어 플러스 방향으로 감정의 스위치를 전환해야 합니다.

이 책을 끝까지 읽은 당신은 그 요령을 잘 알 것입니다.

듣는 귀(청각계 뇌번지) 체크리스트

* 해당 항목을 체크하십시오.

* 해당 항목이 많을수록 청각계 뇌번지가 발달된 상태입니다.

  청각계 뇌번지가 발달한 사람일수록 화를 잘 내지 않는 경향이 있습니다.

- ☐ ① 남의 이야기를 끝까지 집중해서 잘 들을 수 있다.

- ☐ ② 음악이나 라디오 듣기를 좋아한다.

- ☐ ③ 악기를 연주할 수 있다.

- ☐ ④ 들은 말을 빠뜨리는 일이 별로 없다.

- ☐ ⑤ 전화를 잘 받고 들은 이야기를 다른 사람에게 잊지 않고 전할 수 있다.

- ☐ ⑥ 회의나 강의 중에 두리번거리지 않는다.

- ☐ ⑦ 한 번 들으면 이야기 내용을 정확하게 이해할 수 있다.

- ☐ ⑧ 억양을 풍부하게 해서 이야기를 할 수 있다.

- ☐ ⑨ 작은 소리도 잘 듣는다.

- ☐ ⑩ 그 자리에 맞는 크기로 이야기할 수 있다.

- ☐ ⑪ 아침 조회 등 일과를 잊지 않는다.

□ ⑫ 한번 한 약속은 지킨다.

□ ⑬ 반려동물, 새 등 동물의 소리를 잘 구분한다.

⑭ 발소리만으로 누가 왔는지 알 수 있고 자동차 엔진 소리로 차종을 구별할 수 있다.

□ ⑮ "뭐라고요?"라고 하면서 되묻는 것이 하루에 3회 이하다.

[체크 항목이 10개 이상인 경우]

청각계 뇌번지가 발달한 사람입니다. 다른 사람 이야기를 잘 듣고 기억할 수 있기 때문에 다른 사람과의 사이에서 문제가 생기는 일이 적고, '듣는 귀'를 가지고 있는 유형입니다.

[체크 항목이 9개 이하인 경우]

청각계 뇌번지가 비교적 약하며 '듣는 귀'가 발달하지 않은 유형입니다. 대처법으로 텔레비전이나 영화 등을 보면서 사람의 이야기를 정확하게 받아 적는 훈련을 하루 10분 이상 하십시오. 사람이 하는 말을 정확하게 이해하고 기억하는 능력을 익힐 수 있습니다. 훈련을 계속하면 다른 사람과 트러블이 줄어들고 화내지 않는 사람이 될 수 있습니다.

"저는 화를 내는 일이 좀처럼 없습니다. 짜증 나는 일이 있으면 입을 다물어버리지요." 이건 제가 참으로 교양이 있는 성숙한 사람이기 때문이라고 잘난 척하고 싶었는데, 그렇지 않은 것 같습니다. 이 책을 번역하면서 이 역시 하나의 분노라는 사실을 알았습니다.

저는 어린 시절 외갓집에서 자랐습니다. 저랑 나이가 크게 차이 나지 않는 이모들이 있었고, 일하는 언니도 있었습니다. 그녀들은 모두 사춘기였습니다. 어디로 튈지 모르는 질풍노도 소녀들의 노골적인 신경질을, '좀 어리다'는 이유로 '을'의 입장에서 당해야만 했습니다. 지금 생각해 보면 아주 새들한 귀여운 사건들이지만, 엄마 없이 외갓집에 남겨진 저에게는 "그런 것도 몰라", "못 쓰겠네"라는 앙칼진 말이 두려움이었고 유쾌하지 않았습니다. 그래서 저는 속사포처럼 내뱉는 잔소리 앞에서 앙칼진 대꾸를 하는 게 아니라 입을 꾹 다물었습니다.

이 자리에서 이런 옛이야기를 부끄럼 없이 할 수 있는 것은, 이 책이 뇌를 설명하면서 '인간관계 자기계발서'와 같은 내용으로 가득하기 때문입니다. 『욱하는 성질 잡는 뇌과학!』은 하나하나의 에피소드가 내 이야기이고, 주변 사람들이 살아가는 이야기들입니다. 어려운 과학서가 아니라 뇌를 바탕으로, 분노하는 못난 내 모습을 설명하고 해결 방법을 제시하는 그런 책입니다. 그러다 보니 이 책을 번역하면서 저 자신을 돌아보고, "아, 그랬구나", "그래, 그 사람이 나빴던 게 아니야" 또는 "그때 내가 참았어야 하는데" 등등 많은 생각을 했습니다.

20여 년 전 『3일 만에 읽는 뇌의 신비』(서울문화사)를 번역한 이래 2003년 『뇌 해독의 신비-치매 걸리고 싶지 않다』(중앙생활사)까지 뇌와 관련된 책을 몇 권이나 번역할 기회가 있었습니다. 모두 뇌에 대한 개인적 호기심을 충족하기에 부족함이 없는 책들이었고, 항상 새로운 지식을 접할 수 있어서 즐겁게 작업을 했습니다. 이 책 역시 나에게 또 하나의 가르침으로 다가온 소중한 인연입니다.

고선윤

욱하는 성질 잡는 뇌과학

초판 1쇄 인쇄 2024년 5월 10일
초판 1쇄 발행 2024년 5월 20일

지은이 가토 도시노리
옮긴이 고선윤
펴낸이 최석두

펴낸곳 도서출판 평단
출판등록 제2015-000132호(1988년 07월 06일)
주소 (10594) 경기도 고양시 덕양구 통일로 140 삼송테크노밸리 A동 351호
전화 (02) 325-8144
팩스 (02) 325-8143
이메일 pyongdan@daum.net

ISBN 978-89-7343-573-9 (03190)